超訳

PICTURE BOOK OF REKISHISHO

深読みしたい人のための

スタディサプリ講師
伊藤賀一
監修

はじめに

日本の「史料」を大枠で「(歴)史書」と考える
—歴史を深読みするために—

現代の日本で日本語話者として育てば、日本史に関しては、以下のような人生が典型的なパターンかと思います。

保育園・幼稚園や児童館で昔ばなしの絵本を読み、小学校の図書館や公立図書館で伝記物に触れ、家庭では学習漫画を読みつつ、学校の授業で地域史と日本の歴史を学びます。

中学校の社会科では、少し世界史が混じる日本史が「歴史」と呼ばれ、高校では、文系に進めば日本史選択と世界史選択に分かれますが、理系だと放置でしょう。

その後、大学の一般教養で選択しない限り、日本史の学びは高校までで一旦終了します。

しかし成人後も、趣味で舞台や映画を鑑賞しますし、TVでは朝ドラと大河がつねに話題に。ネトフリとアマプラの歴史系アニメ、そして何より歴史モノのゲームはおもしろい。

YouTubeを除けばいくらでも日本史の解説動画はありますし、スタディサプリなどの教育プラットフォームに申し込めば、大人でも格安でプロの講義が受けられます。

また、子育てが一段落したり、仕事が落ち着いたりすれば、ふと思い立ちカルチャースクールに通い、勉強熱心なシニア世代とともにまた学ぶ……などなど、なんだかんだで**日本史は私たちの暮らしと生涯切り離せません**。

日本史という科目は、歴史書・地誌・書簡・日記・随筆・物語・歌集など、(そこに書かれていることが本当かどうかは別として)**実際の文献史料**から紡(つむ)ぎ出されているものです。読んだ人が妄想(もうそう)を働かせるのは自由ですが、あくまでももとになる文献がある、その原点を忘れてはいけないと思います。

私は一応、大学の文学部史学科を出ているので、各史料＝大きな意味での“歴史書”を解説する本を出したくて仕方がありませんでした。旧知の編集担当・荒上和人さんも同じく史学科卒であることもあり、普段、大学・高校受験の「受験屋」として、授業や学習参考書・問題集で、生徒・読者の得点を上げて合格させることに日々集中している私たちは、相談して結論づけたのです。

今回は受験・テストから離れ、純粋に「**日本史を深読みする**」ための史料を各ジャンルから厳選し、それを楽しく解説する本があれば、おもしろいし、ニーズもありそうじゃないか、と。また、受験生にとっても、意味のある息抜きにもなりそうだし。近年は長々と史料を扱う出題は多いし、無駄にはならない。そしてさらに、大学生・社会人が公務員や通訳案内使、歴史検定などの資格試験を受験する時、丸暗記ではなく、日本史の根本部分を捕まえることができたり……。

以上のような欲張りな経緯で出来上がったのが本書です。正直いうと、つくる側も十分楽しみました。それが結果的に、読者の皆さんが日本史をより深読みしていく助けになれば、こんなにうれしいことはありません。

スタディサプリ講師　**伊藤賀一**

本書の読み方

まず「歴史書」ごとに名称とその読み方を記載しています。

続いて、その歴史書に関わる基本的な情報を紹介しています。「誰がこの歴史書の編纂(へんさん)にたずさわったのか」「どの年代に完成したのか」「どれくらいの分量だったのか」「どんなジャンルなのか」がパッとつかむことができます。それぞれのアイコンが示すのは以下のとおりです。

作 → 作者。編纂した人物
年 → 成立した年代（西暦／元号）
数 → 構成冊数
分 → 分野（ジャンル）

※いずれも、諸説ある場合があります。
※具体的にわからないものには「不詳」、一般的にそう認知されていても確証のないものには「？」をつけています。

基本的な情報の次は、紹介する歴史書をより詳しく知りましょう。そのために、以下の4つに大きく分けて解説しています。

概要 → いつ、誰が書いたのかなど
背景 → 書かれた理由
注目 → 押さえておきたい内容
影響 → 世の中に与えたインパクト

そして、文字を太くして下に色を敷いて強調している部分(＿＿)は、とくに覚えておいてほしい情報になります。

またイラストは、歴史書の内容の一場面だったり、歴史書の内容が端的だったりを表しています。文字だけでは把握しづらい内容も、イラストがあることで頭の中を整理できます。

最後に、「伊藤先生のひと言メモ」です。これは、30年以上も日本史に限らず社会科全般の教壇に立ち、47都道府県すべてを訪れ、20以上の職業に就いた独特の経験から、追記・追想したコラムになります。息抜きに楽しんでいただければ幸いです。

歴史には明らかになっていないことがたくさんあります。教科書に登場するような有名な歴史書であっても、じつは作者がはっきりとしていない場合もあるのです。

また、取り上げる歴史書すべての情報を掲載することはできません。それだけで１冊の本ができるような歴史書ばかりだからです。あくまでも基本情報として押さえるのがポイントです。

さて、ここからは各章について紹介していきます。

「Chapter1」は、『古事記』と『日本書紀』の紹介からはじまります。いわゆる「記紀」は、以後の日本の歴史観に深くかかわっており、本書に登場する別の歴史書のなかにも関係が深い本がいくつもあります。

さらに和歌集や物語など、平安時代が色濃く描写されていることから、当時の貴族社会などをうかがい知ることができます。

「Chapter2」は、鎌倉時代から室町時代に著された書物を扱っています。貴族から武家に政権が移ったことで、Chapter1にはなかった武家同士の争いについて書かれたものが多くあります。

また、仏教に関する重要な書物が書かれたのもこの時期にあたります。

「Chapter3」は、主に室町時代後期から続いた混乱期に終止符が打たれた時代に書かれた重要な書物群を紹介しています。江戸幕府によって平穏が訪れたことで、市井（しせい）の学識ある人々によってさまざまな学術書が著されました。

幕末期になり鎖国が解かれると、海外から日本を訪れた外国人が現れ、海外の国々が日本を知られるきっかけとなる本が書かれています。

本書は受験用に「得点を上げる」目的ではなく、「日本史をより深読みする」ための一助になれば、という目的を出発点にしています。

その意図を根底に敷き、意味のある配置にしてありますので、気楽に読み、純粋に楽しんでいるうちに何らかの効果があるはずです。

さあ、どんどんページをめくっていってください！

カバーデザイン ● 高橋明香（おかっぱ製作所）
編集・構成・本文デザイン・DTP ● 造事務所
協力 ● 奈落一騎、村中崇
イラストレーション ● MORNING GARDEN INC.（玉井麻由子）

深読みしたい人のための 超訳 歴史書図鑑

Contents

Chapter 1

奈良時代から平安時代まで

Chapter 2

鎌倉時代から室町時代まで

Chapter 3

安土桃山時代から明治時代まで

Chapter 1

奈良時代から平安時代まで

古事記
日本書紀
風土記
正倉院文書
万葉集
竹取物語
伊勢物語
新撰姓氏録
古今和歌集
寛平御遺誡
倭妙類聚抄
枕草子
源氏物語
往生要集
中右記
大鏡
今昔物語集
日本紀略

古事記

こじき

8世紀に成立した
日本最古の国史

作 太安万侶	年 712(和銅5)年
数 3巻	分 歴史書

背景 記憶をもとにした最古の国史

飛鳥時代の645年、朝廷で権勢を振るう蘇我入鹿(そがのいるか)を中大兄(なかのおおえの)皇子(のちの天智(てんじ)天皇)・中臣鎌足(なかとみのかまたり)(のちの藤原鎌足)らが殺害すると、入鹿の父の蝦夷(えみし)は、自らの邸宅に火をかけ自害しました。これらを「乙巳(いっし)の変」と呼びます。この時、『天皇記』などの歴史書が焼失してしまったとされています。

天智天皇の弟である天武(てんむ)天皇は、失われた『天皇記』や、不完全な状態でしか残っていなかった『国記(こっき)』に代わる国史の編纂(へんさん)を命じました。そして、高い記憶力をもつ**稗田阿礼(ひえだのあれ)**という人物に、各所バラバラに伝わっていた『帝紀』や『旧辞』といった歴史書を暗誦(あんしょう)させました。

それから約40年後、**元明(げんめい)天皇**の命を受けた**太安万侶(おおのやすまろ)**が、稗田阿礼の記憶をもとに712(和銅5)年にまとめたのが、『**古事記**』です。その後、『帝紀』や『旧辞』は完全に散逸(さんいつ)したため、神話の時代から7世紀の推古天皇の時代までを記録した『古事記』は、**現存する日本最古の歴史書**とされています。

完成した『古事記』は元明天皇に献上されましたが、原本は現存せず、いくつかの写本だけが伝わっています。

概要　神話の時代から推古天皇まで記載

『古事記』は、上・中・下の全３巻で構成されています。上巻では、『古事記』の成立背景について記した序文に続き、世界の誕生について記した「天地開闢（てんちかいびゃく）」から、伊邪那岐命（イザナギノミコト）と伊邪那美命（イザナミノミコト）という男女２柱の神が協力して日本列島をつくったことや、伊邪那岐命と伊邪那美命から天照大御神（アマテラスオオミカミ）や須佐之男命（スサノオノミコト）などの神々が生まれ、その天照大御神の孫である邇邇芸命（ニニギノミコト）が、神々の暮らす高天原（たかまがはら）から地上に降り立った「天孫降臨（てんそんこうりん）」といったエピソードが記されています。

他にも、天照大御神が岩戸に隠れてしまう「天岩戸（あまのいわと）」や、須佐之男命によるヤマタノオロチ退治、「因幡（いなば）の白兎（しろうさぎ）」など、有名な日本神話も、この上巻に収められています。

中巻では、のちに初代天皇となる神武天皇が九州の地から東征し、大和(現在の奈良県)に朝廷を開いたことに始まり、以後、第２代・綏靖天皇から第15代・応神天皇までの初期の天皇と皇族の系譜と事績が記されています。倭建命(日本武尊)の熊襲征伐や、神功皇后の新羅遠征などが収められているのもこの中巻で、いわば半分は神話、半分は歴史書といった構成です。

下巻はほぼ歴史書になっており、第16代・仁徳天皇から第33代・推古天皇までの系譜と事績が記されています。第24代・仁賢天皇以降の記述は簡潔なものとなっていますが、これは編纂された時代に近い事柄のため、詳しく書く必要がなかったためと考えられています。

注目 「和化漢文」の文体

『古事記』は、天照大御神からつながる神々の子孫としての皇室の正統性を国内向けにアピールするために編纂されたとされています。当時はまだ日本語を記すためのひらがなやカタカナが存在しなかったため、日本語の音を漢字で表記する和化漢文という方法で記されています。

また、無味乾燥な歴史的事実を淡々と記すのでなく、物語性が豊かな点も特徴です。そのため、現代語訳されているものなら、現代の人でも楽しめます。

さらに、多くの歌が挿入されている点も『古事記』の特徴とされています。全３巻のなかに112首もの歌が収められています。

影響 成立後、長い間埋もれていた

日本最古の歴史書でありながら、『古事記』は成立後、広く読まれることはあまりありませんでした。これは、『古事記』

が公式な歴史書ではなく、皇后の娯楽用や皇子の教育用につくられたものだからという説もあります。

一般に流布しなかったため、長い間、研究もほとんどされることなく、鎌倉時代に『古事記裏書（うらがき）』という簡単な注釈書が記された程度でした。しかし、江戸時代中期に日本古来の伝統を研究する国学という学問が盛んになると、『古事記』も注目されるようになります。

そして、江戸時代後期の国学者である**本居宣長（もとおりのりなが）**は『古事記』を最も重要な古典と考え、30年以上の歳月をかけて全44巻の『**古事記伝**』という注釈書を記しました。これにより、『古事記』は広く知られるようになります。

もっとも、『古事記』の存在がよく知られるようになると同時に、後世に書かれた偽書ではないかという説も唱えられるようになりました。これは、『古事記』の成立について公的な史書に一切記録がないことや、稗田阿礼の実在性が疑われたためです。この偽書説では、序文だけが偽書であるというものと、本文も平安時代や鎌倉時代に成立したとするものがあります。ただ、現在の歴史学界では『古事記』を偽書とする見方は主流ではありません。

伊藤先生のひと言メモ

兎（と）にも角（かく）にも「最古の歴史書」という事実に価値があります。言語や身体的特徴と並び、「神話を共有する」こともまた民族の重要な定義である、と思い出させてくれる貴重な存在。内容が正しいとか違うとか、そんな視点はナンセンス。それを言い始めたら他民族の神話だって吹っ飛んじゃう。これもまた多様性、お口にチャック！

日本書紀

にほんしょき　or　にっぽんしょき

国家としての
あり様を示した国史

作 舎人親王、川島皇子ほか	年 720(養老４)年
数 30巻	分 歴史書

背景 国家プロジェクトとして編纂

奈良時代初期の720(養老４)年に成立したとされる、日本最古の正史が『**日本書紀**』です。正史とは国家が編纂(へんさん)した正式な歴史書のことで、皇室の私的な歴史書の意味合いが強い『古事記』とはそこが違います。この時期に正史が編纂された背景には、中国王朝などに対して、日本がきちんとした国家であることを示す必要があったからと考えられています。

『日本書紀』編纂のきっかけとなったのは、『古事記』と同じく、７世紀後半の天武(てんむ)天皇の命令です。ただし、『日本書紀』はスタート時点から正式な国家プロジェクトとして始まりました。最初に国史編纂の命を受けたのは、天智(てんじ)天皇の第２皇子である川島(かわしま)皇子です。その後、天武天皇の死による作業の中断期間を挟みつつも、多数の人々によって編纂作業は続けられ、最終的に天武天皇の皇子である**舎人(とねり)親王**(８世紀の律令国家体制成立以降は皇子を親王、皇女を内親王と呼ぶ)の手によってまとめられました。

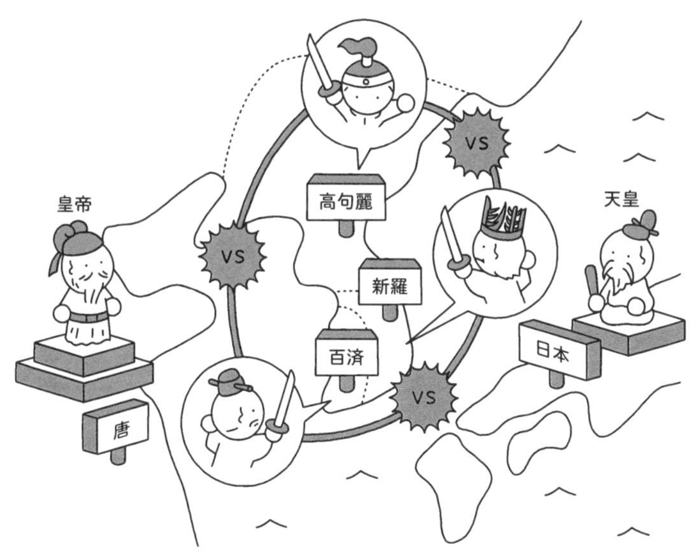

完成したのは天武天皇の孫である**元正天皇**（げんしょう）の時代です。『古事記』が稗田阿礼（ひえだのあれい）の記憶をもとに太安万侶（おおのやすまろ）がわずか４カ月でまとめたのに対し、『日本書紀』は完成までに39年もの歳月がかかっています。

もっとも、『古事記』が序文で編纂の経緯を説明しているのに対し、『日本書紀』には序文がなく、経緯ははっきりしていません。『日本書紀』の編纂についての記述が初めて現れるのは、８世紀末に完成した『続日本紀』（しょくにほんぎ）です。

ちなみに、もともとの書名は『日本書紀』ではなく、『日本紀』だったという説もあります。読み方も「にほんしょき」なのか「にっぽんしょき」なのか、現在も意見が分かれています。

概要　『古事記』とは違う記述もある

『日本書紀』は全30巻で構成されています。また、その30巻の他に皇室の系図１巻が存在したと考えられていますが、現存していません。

扱われている範囲は、神話の時代から7～8世紀の持統(じとう)天皇の時代までです。『古事記』が全体の3分の1を神話が占めているのに対し、『日本書紀』では神話が記されているのは30巻中、最初の2巻だけで、残りはすべて歴代天皇の系譜と事績になっています。そして、紀伝体で記される中国の正史とは違い、起こった出来事を年代順に記していく**編年体**で記述されています。

天皇の系譜と事績は、大筋では『古事記』と同じですが、微妙に記述が違う点もあります。たとえば、景行(けいこう)天皇の皇子である倭建命(ヤマトタケルノミコト)(日本武尊)は、『古事記』では残虐(ざんぎゃく)性を秘めた恐ろしい人物としても描かれていますが、『日本書紀』では父のために九州の熊襲(くまそ)征伐や東征をやり遂げた孝行息子として描かれています。この違いは、『日本書紀』がより公的な歴史書であるため、皇室にとって不都合な記述を避けたためと考えられています。

注目 日本の国際関係に重点を置く

日本の公的な歴史書でありながら、『日本書紀』は正式な漢文で記されています。これは、近隣諸国に日本も中国と同じような立派な国家であることを示すためです。

百済(くだら)を中心とした朝鮮半島の政治情勢や、日本の対外関係史について詳しく記述しているのも『日本書紀』の特徴で、新羅遠征をしたとされる神功皇后については、第9巻の一巻を費やして詳細に記述しています。

また、『漢書(かんじょ)』や『三国志』などの中国の史書や、朝鮮の史書なども参照文献として使われている点も『日本書紀』の特徴です。そうすることで、**当時の国際関係における日本の立ち位置を示そうとしている**のです。

和歌も128首収められていますが、『古事記』が全３巻に112首収められているのと比べると、割合はかなり低くなっています。

影響 六国史の最初の一冊となる

『古事記』と『日本書紀』は、あわせて「**記紀**（きき）」とも呼ばれており、日本の古代史を知るうえでの貴重な史料とされています。さらに、日本の歴史のみならず、中国、朝鮮半島などの古代史を知るうえでの重要な史料となっています。

原本は存在しておらず、現存する最古のものは平安時代初期の写本ですが、『古事記』と違って偽書という説は存在せず、成立直後から多くの人々によって読み継がれてきました。ただ、記述の信ぴょう性については、対外関係においては日本中心の視点で書かれていることや、公的な歴史書ゆえ皇室に都合の悪いことは慎重に除外されている点は留意する必要があるでしょう。

この『日本書紀』のあとに『続日本紀』『日本後紀（にほんこうき）』『続日本後紀』『日本文徳（もんとく）天皇実録』『日本三代実録』の正史が編纂されました。これらはあわせて「**六国史**（りっこくし）」と呼ばれています。

伊藤先生のひと言メモ

正史として編纂されているので、皇室を正統化する内容です。人文科学の一つである歴史学は、文献史料を比較・検討する学問。『日本書紀』などの六国史は、日本の歴史学の背骨、いわば「正」として、つねに「反」の説をぶつけられ、その結果、「合」の新説が数々生み出されてきました。最重要の歴史書群といえますね。

風土記

ふどき

ほとんどが散逸した古代日本の地域史

作 不詳	年 ８世紀前半
数 不明(60巻以上?)	分 地誌

背景 各地の風俗地理をまとめる

奈良時代初期の713(和銅６)年、**元明天皇**は全国の役人に向けて、それぞれの地域の風俗地理をまとめて提出せよという命令を出しました。これにより、各地の国司・郡司らによって編纂されたのが「**風土記**」です。

この時代は、ちょうど『日本書紀』の編纂が進められている時期でもありました。公的な史書である『日本書紀』を縦軸とし、日本各地の地誌である風土記を横軸とすることで、日本という国の形をはっきりさせるという意図があったと考えられています。

ただし、元明天皇の命が出てから、実際に風土記として完成するまでは地域ごとにかなりのばらつきがありました。なかには、20年以上経ってから上奏されたものもあります。また、当初は風土記ではなく、公的な報告書を意味する「解」と呼ばれていたようで、風土記と呼ばれるようになったのは平安時代のころからでした。

ところで、当時の日本は大和国、摂津国、駿河国など62の国に分けられており(のちに最終的な旧国名は68となる)、風土記も当初は60種類以上存在していたと考えられています。ですが、その大半は時代を経るにつれて散逸してしまい、現在、写本としてほぼ完全な姿で残っているのは『**出雲国風土記**』だけです。

その他では、『播磨国風土記』『肥前国風土記』『豊後国風土記』『常陸国風土記』の写本が一部欠損した形で残っており、これらを合わせて**五風土記**と呼びます。

しかし、『伊勢国風土記』や『志摩国風土記』『尾張国風土記』など、記述の一部が他の文献に引用されている風土記も数多くあります。

概要 地名の由来から産物、伝承まで

元明天皇が全国の役人に出した命令では、報告書に記すべ

き内容として次の５つが挙げられていました。①郡郷（ぐんごう）の名、②産物、③土地の肥沃（ひよく）の状態、④地名の由来、⑤古老などが伝える旧聞異事（きゅうぶんことごと）。すべての風土記は、これにもとづいて書かれたと考えられています。

唯一、ほぼ完全な形で残されている『出雲国風土記』は、まず「総記」で出雲国全体の概要が記され、そのあと意宇、島根、秋鹿（あいか）、楯縫（たてぬい）、出雲、神門（かんど）、飯石（いいし）、仁多（にた）、大原（おおはら）の各郡における上記５点の詳細な記録が書かれています。各郡に存在する神社のリストも記載されており、これは元明天皇の命令には含まれていないものですが、他の風土記にもあった可能性があります。

ちなみに、『出雲国風土記』は、作成時期と編纂者が明らかになっている唯一の風土記です。733（天平５）年に郡司である神宅臣金太理（みやけのおみかなたり）が出雲臣広嶋（ひろしま）の監修のもとで作成したと巻末に記載されています。

注目　「風土記」にだけ残された神話も

『古事記』や『日本書紀』に記されている神話は、皇室を中心としたものです。ところが、風土記にはそれとは別系統の、各地に独自に伝わっていた神話が記載されていたと考えられています。

『出雲国風土記』には、八束水臣津野命（ヤツカミズオミツノノミコト）という神が遠くの土地を引き裂いて綱で引いてきて、島根半島をつくったという「国引き神話」と呼ばれるものが記されています。これは、記紀神話には見られないものです。

その他にも、『出雲国風土記』には、枳佐加比売命（キサカヒメノミコト）という女神が出産時に弓矢を失くす物語や、阿用郷（あよのさと）という土地に現れた人食いの一つ目鬼の話など郷土色豊かな神話・伝承が多数収められています。そのため、散逸してしまった他の地域の

「風土記」にも、その地域独自の神話や伝承が記載されていた可能性は高いといえるでしょう。

影響 多くの文献に引用される

風土記とは、もともとは中国王朝の地誌の名称です。3世紀後半の晋（しん）王朝には、『周処（しゅうしょ）風土記』という辺境生活の見聞をまとめたものとされる地誌が存在していました。その後も中国では地誌の編纂が盛んに行われ、6世紀後半の隋王朝の時代には『諸郡物産土俗記』という全151巻におよぶ地誌がつくられています。

日本の風土記は完成後、それぞれ地元の国庁と中央の官庁に保存されていましたが、中国の地誌文化にあこがれを抱いた平安時代の学者や文人に広く読まれるようになりました。「解」と呼ばれていた日本の地誌が風土記の名称で呼ばれるようになったのも、そのころからです。

風土記は広く読まれるようになったことで、後世の書物の中で数多く引用されるようになりました。それが、散逸してしまった風土記の内容を推測する手掛かりとなっています。ですが、引用されている文章のなかには、風土記のものではない、後世の創作も混じっているとされています。

伊藤先生のひと言メモ

5つしか残らず散逸してしまった、という事実が、のちの律令国家体制の崩壊を象徴しているようですね。国司は中央から交代で派遣され、郡司たちは土着の地方豪族が世襲する、という関係性のなかで、編纂に苦労した国司も多かったのでは？　前任者から未完成の物を引き継いだ場合は、さらに混乱するというか……大変そう。

正倉院文書

しょうそういんもんじょ

奈良時代の社会の実像が記された文書群

作 不詳	年 8世紀
数 1万点以上	分 公文書

背景 正倉院に収められた古文書群

「奈良の大仏」で有名な**東大寺**は、8世紀前半に聖武天皇が建立した大寺院です。その大仏殿の北北西に、校倉造が利用された大規模な高床式の倉庫である**正倉院**があります。

そこには、聖武天皇ゆかりの品をはじめとする、数多くの美術工芸品が収蔵されていますが、1万点ほどの文書も残されています。それを総称して、**正倉院文書**といいます。

概要 重要なのは紙の裏側

正倉院文書は具体的には、奈良時代にあった東大寺写経所という役所の作成した帳簿などの事務書類です。

当時、紙は非常に貴重品で、不要になった公文書の裏面なども再利用されていました。東大寺写経所の事務書類には、中央官庁の戸籍や税の徴収のための計帳で使われた紙が再利用されていたため、その裏面ははからずも、奈良時代の社会制度や税制の実態がわかる貴重な史料となったのです。

影響 江戸時代後期に発見される

江戸時代後期になるまで、正倉院文書の存在は知られていませんでした。ですが、国学者の穂井田忠友（ほいだただとも）が発見したことで注目されるようになります。以後、明治時代に宮内省などによって文書が整理され、その全容が明らかになりました。

伊藤先生のひと言メモ

持続可能な循環型社会の基本、リユース（再利用）・リデュース（ゴミ減らし）・リサイクル（再生利用）という3Rのうち、リユースがすでに奈良時代から行われていた、ということですね。ちなみに、最近ではリフューズ（ゴミになるものの拒否）とリペア（修理）も加え、5Rとも言うんですよ。

万葉集

まんようしゅう

奈良時代に成立した
数千首の歌が収められた作品集

作 大伴家持?	年 奈良時代末期
数 20巻	分 歌集

背景 幅広い階級の人が詠んだ歌を収録

日本最古の歌集とされる**『万葉集』**は、奈良時代末期に成立したと考えられています。全20巻で、７世紀前半から759(天平宝字３)年までの約130年間に詠まれた歌に伝承歌を加えた**約4500首**が収められています。『万葉集』という題名は、「万の言の葉＝多くの歌」を集めたという意味です。

ただし、成立の過程はよくわかっておらず、編纂者も奈良時代の貴族である橘諸兄や、同じく奈良時代の貴族で歌人でもあった**大伴家持**など、諸説あります。現在では、最初から全20巻の歌集として編纂されたのではなく、何巻かずつ編纂されていた歌集を、最終的に大伴家持が一つにまとめたという説が有力です。

収められている約4500首の詠み手は、皇族や貴族などの身分の高い男女から、下級官人や防人、芸人や農民までと幅広く、また作者不詳の歌も数多くあります。

ちなみに、原本は存在しておらず、現存する最古の写本は

11世紀後半、平安時代のものです。

概要 男女の恋愛から防人の悲哀まで

『万葉集』に収められている歌は、その内容から、**「雑歌（ぞうか）」「相聞歌（そうもんか）」「挽歌（ばんか）」**の三つに分けられています。雑歌は宮廷生活や旅の情景を詠んだ歌、相聞歌は男女の恋を詠んだ歌、挽歌は人の死を哀悼（あいとう）する歌です。

また、歌が詠まれた時期から４期に分けられることもあります。第１期は、７世紀前半から672年の壬申（じんしん）の乱まで。第２期は、710(和銅３)年の平城京への遷都まで。第３期は、733(天平５)年まで。そして第４期は、759(天平宝字３)年までです。

代表的な詠み手としては、天智（てんじ）天皇と天武（てんむ）天皇という兄弟双方のそれぞれの妃であった経験がある額田王（ぬかたのおおきみ）や、天智天皇の皇子である志貴（しき）皇子、貴族や下級官人の山部赤人（やまべのあかひと）、柿本（かきのもとの）

人麻呂、山上憶良、大伴旅人(家持の父)、女性歌人の大伴坂上郎女(家持の叔母)などが挙げられます。なかでも、当時、天智天皇の后であった額田王が元の夫である大海人皇子(のちの天武天皇)とのあけすけな恋愛を詠んだとされる「あかねさす　紫野行き標野行き　野守は見ずや　君が袖振る」は、『万葉集』を代表する歌の一つとされます。

一方で『万葉集』は、そういった身分の高い人たちの歌だけでなく、庶民の詠んだ歌も数多く収録されている点が特徴です。たとえば、九州沿岸の防衛のために東国から徴用され、過酷な任務を課せられていた防人たちの歌(防人歌)が多数収められています。母親がいない子どもたちを置いて任務につく防人の悲哀を詠んだ「韓衣　裾に取りつき　泣く子らを置きてそ来ぬや　母なしにして」はとくに有名です。

その他に、「東歌」と呼ばれる歌も収録されています。これは東国と当時呼ばれていた現在の長野県や静岡県、関東地方、および東北地方南部の方言で詠まれた歌のことです。

注目 ひらがな、カタカナの源流となった

『万葉集』が成立したころは、まだ仮名の文字は存在していませんでした。そのため、収められている歌は、真名＝漢字の音訓を借用して日本語の音を表記した「**万葉仮名**」で記されています。

この万葉仮名は、速く簡単に書けるよう、しだいに字の形を崩したり、省略したりすることで画数が減っていきました(草書体＝「**草仮名**」)。そして、そこから「**ひらがな**」と「**カタカナ**」が誕生します。そういう意味で『万葉集』は、日本独自の日本語表記の原点となった書物といえます。

また、たとえば東歌は当時の方言で詠まれているため、『万葉集』は方言学の資料としても重要なものです。さらに、そ

の東歌や防人歌は、古代の庶民の生活ぶりや心情を知る、貴重な手掛かりともなっています。

影響 元号「令和」の典拠となる

『万葉集』は時代を超えて多くの人々に読み継がれ、後世の歌集に大きな影響を与えました。また、江戸時代に国学が盛んになると、荷田春満（かだのあずままろ）や賀茂真淵（かものまぶち）、本居宣長などの国学者たちは、『万葉集』を日本文学の原点として熱心に研究を進めました。

ところで、2019年５月１日から始まった新元号「**令和**」も『万葉集』を典拠としています。「令和」は、『万葉集』の第５巻に収められている、730（天平２）年の正月に大伴旅人邸の梅園に山上憶良ら約30人が集まり催された「梅花の宴（うたげ）」の宴席で詠まれた32首の序文「初春の令月（れいげつ）にして、気淑（よ）く風和（やわら）ぎ、梅は鏡前の粉（こ）を披（ひら）き、蘭は珮後（はいご）の香（か）を薫（かお）らす」から採られたものです。

それまで日本の元号はすべて中国の古典を典拠としていました。**「令和」は、初めて日本の古典を典拠とする元号となった**のです。

伊藤先生のひと言メモ

「夜露死苦（よろしく）」「仏恥義理（ぶっちぎり）」などの暴走族用語、「多恋人（タレント）」などのスナック店名に万葉仮名が使われているなどと授業でよくふざけて言っています。4516首と集めすぎてしまった『万葉集』には、微妙な歌や生々しすぎる歌もたくさんあり、いつの時代でも人間の基本は変わらないなあ、と感動すること間違いなし！

竹取物語

たけとりものがたり

成立年代も作者も不詳ながら“日本一古い”とされる作品

作 不詳	年 平安時代前期
数 不明	分 物語

背景 物語の出で来はじめの祖

『**竹取物語**』は、正確な成立年はわかっていませんが、平安時代前期の9世紀末～10世紀前半には成立していたと考えられている物語です。紫式部が『源氏物語』のなかで「物語の出(い)で来(き)はじめの祖(おや)なる竹取の翁(おきな)」と記したことから、**日本最古の物語**とも呼ばれています。

奈良時代に編纂された『万葉集』にも、竹取翁と天女が登場する長歌が収められています。そのため、8世紀ごろには『竹取物語』の原型は存在していたとも考えられています。

作者も不明ですが、物語中の貴族の描写が詳細であることから、上流階級に属した人物の手によるものというのが定説です。さらに、物語のなかに反体制的な要素が強くあることから、当時宮廷で権力を握っていた藤原氏に反感を抱いていた非主流派の貴族が作者ではないかともいわれています。

原本は存在しておらず、現存する最古の写本は14世紀の室町時代初期に後光厳(ごこうごん)天皇が書き写したとされるものですが、

これは断片しか残されていません。完本では室町時代末期のものが一番古い写本として伝わっています。

ちなみに、『竹取物語』というのは通称です。その他にも、『竹取の翁』『**かぐや姫**の物語』『竹取』など、さまざまな題名で呼ばれてきました。

概要　竹から生まれた姫と富士山の由来

物語のあらすじは、次のようなものです。その昔、竹を取って暮らす翁とその妻の嫗(おうな)がいました。ある時、翁は竹林で光り輝く竹を見つけ、近寄ってみると、なかには3寸(約9cm)ばかりの小さな女の子が座っています。翁と嫗は、その子を自分たちの子どもとして大切に育てることにし、少女は「なよ竹のかぐや姫」と名づけられました。

かぐや姫は不思議なことに、わずか3カ月ほどで妙齢(みょうれい)の美しい女性に成長しました。その美しさを聞きつけたさまざまな男性がかぐや姫に求婚し、なかでも熱心だったのは都の5人の貴族です。しかし、かぐや姫は結婚に乗り気ではなく、貴公子たちに「蓬莱の玉の枝」「火鼠の裘」「仏の御石の鉢」「龍の首の珠」「燕の子安貝」という、とても手に入りそうにない宝物(実在するのは「蓬莱の玉の枝」のみ)をもってきたら結婚してもよいと無理難題を出しました。当然ながら、貴公子たちは全員失敗します。

やがて、帝(天皇)もかぐや姫の噂を聞きつけて求婚しますが、姫はそれも拒絶してしまいました。そのうえで、翁に「自分はじつは月の都の住人で、もう少しで月に帰らねばならない」と告げます。そして、ついに別れの日が来ると、帝に「いまはとて 天の羽衣 着る時ぞ 君をあはれと おもひいでぬる」という歌を添えて不死の薬を残し、月へと帰っていきます。

傷心の帝は、かぐや姫にもらった不死の薬を山で焼いてしまいました。以後、その山は「ふじの山(富士山)」と呼ばれるようになったといいます。

注目 多くの伝承を取り入れた創作文芸

竹から人が生まれるというのは、中国や東南アジアの神話によく見られるパターンです。『竹取物語』には、そのような、さまざまな神話や伝承が数多く取り入れられていますが、最初から創作物語として書かれているのが特徴です。

しかも、たんに神話や伝承を組み合わせているだけではなく、首尾一貫した完成度の高い物語となっているのも特徴とされています。そういう意味では、まさに「日本最古の物語」という呼称は大げさではありません。

また、仮名文字によって書かれた最初期の物語の一つともされています。その点でも、日本独自の文芸作品の原点といえるでしょう。

影響 現代でも人気のかぐや姫の物語

『竹取物語』は広く読み継がれ、『源氏物語』の他に、10世紀に成立した『大和(やまと)物語』や『宇津保(うつほ)物語』、11世紀の『栄花(えいが)物語』や『狭衣(さごろも)物語』などのなかでも、その存在について言及されています。

物語の完成度の高さから、『竹取物語』は一般的には『かぐや姫』の題名で現代でも人気の高い作品です。絵本や映画、アニメ、漫画など、さまざまな形で親しまれています。たとえば2013（平成25）年には、スタジオジブリ制作のアニメーション映画『かぐや姫の物語』が公開され、国際的にも高い評価を得ました。

英語、イタリア語、ドイツ語、ヒンディー語、ロシア語、ルーマニア語、スペイン語、フランス語などにも翻訳されており、世界中で知られています。

じつのところ、本格的な研究対象となったのは比較的近年で、昭和時代に入ってからのことです。それまでは、たんなる御伽話(おとぎばなし)と考えられ、あまり研究対象にはなっていませんでした。

伊藤先生のひと言メモ

『竹取物語』の教訓は、偶然出逢い大好きになり愛(め)でても、相手はそのうち必ずいなくなるよ、ということ。だからこそ一緒にいる間くらい優しくしよう、と思うから居心地がよくて互いに離れられない。月に行ってしまい永遠に帰って来ない、とならない限り心が整理できない。古今東西・老若男女、同じ気持ちだったんですね。

伊勢物語

いせものがたり

和歌を中心とした短編物語がつまった歌物語の元祖

作 不詳	年 平安時代
数 不明	分 歌物語

作者の正体は諸説あり

歌物語の元祖とも呼ばれているのが、平安時代に書かれた『**伊勢物語**』です。**歌物語とは、和歌を中心にそれが詠まれた背景・事情を説明した**短編物語のことです。本作の正確な成立年代ははっきりしておらず、平安前期説や中期説などがあります。

成立当初は『在五(ざいご)物語』『在五中将(ちゅうじょう)物語』『在五中将の恋の日記』『在五中将の日記』『在五が集』など、さまざまな題名で呼ばれていましたが、平安時代末期には『伊勢物語』で定着したと考えられています。

物語の主人公は、平安時代初期の貴族で歌人であった**在原(ありわらの)業平(なりひら)**を思わせる人物です。業平は派手な女性遍歴をくり広げたことでも知られています。

ただ、作品内では業平の名前が明記されることはなく、たんに「男」とだけ記されています。ちなみに、『伊勢物語』のほとんどの段は「**むかし、男ありけり**」で始まっているため、「**昔**

男」といえば本作の主人公を指します。

作者は不詳で、一説には業平自身の手によるものともいわれています。しかし、平安時代の貴族で歌人の紀貫之が作者であるという説や、女性歌人の伊勢という人物が作者であるという説などもあります。

概要　恋愛遍歴を軸に昔男の生涯を描く

『伊勢物語』では、ある男（昔男）の元服から死に至るまでを、仮名の文と歌でつくった短い章段を連ねて描いています。一つの章段は短いもので２～３行、長いもので数十行程度です。そして、複数の章段が続き物になっている部分と、１段ごとに独立した話となっている部分があります。全体を通しては、男女の恋愛が主軸になっていますが、他にも親子愛、主従愛、友情なども扱われています。

ただし、『伊勢物語』は原本が現存しておらず、さまざまなバリエーションの写本があり、章段の数や収められている和歌の数には多少のばらつきがあります。写本のなかで最も一般に広まっているのは、平安時代末期から鎌倉時代初期の貴族で歌人の藤原定家が1234(天福２)年に書写したものです。これは、「定家本」や「天福本」と呼ばれています。「定家本」の『伊勢物語』は全125段で構成されており、収められている和歌は全部で209首です。

『伊勢物語』という題名は「定家本」の第69段にある、伊勢国を舞台にしたエピソードに由来するという説が有力です。この章段は、「昔男」が伊勢神宮の斎宮(巫女＝神に仕える未婚の皇女・王女)と密通してしまうという内容になっています。そこで詠まれる和歌の「かきくらす　心の闇に　まどひにき　夢うつつとは　今宵さだめよ」は、よく知られています。

その他、本作のなかの和歌では、第９段で京に居づらくなった「昔男」が東国に下る際に詠む、「唐衣　着つつなれにしつましあれば　はるばるきぬる　旅をしぞ思ふ」も有名です。この歌は、愛しい妻を京に残していく思いを詠んだものです。また、同じ段の後半、現在の東京都の隅田川で詠んだ「名にし負はば　いざ**言問**はむ　都鳥　わが思ふ人は　ありやなしやと」も名句で、言問橋という橋もあります。

注目 成立当初から高い人気を誇る

『伊勢物語』は**最古の歌物語**ともいわれており、『竹取物語』と並んで、最初期の仮名文学の代表作ともされています。『源氏物語』のなかにも、『伊勢物語』に言及している部分があり、当時から広く読まれていたようです。

さらに、『枕草子』のなかには、「あやしう いせの物がたりなりや」という文章もあります。ここでいう「いせ」は、「間違った」という意味の「僻」で、すでに当時からパロディにされるほど、『伊勢物語』が当時の人々に親しまれていたことがよくわかります。

影響 能や人形浄瑠璃・歌舞伎にも影響

異性との華やかな情交である「いろごのみ」も描いている『伊勢物語』は、のちの『源氏物語』にも大きな影響を与えています。歌物語という形式も本作によって人気となり、『大和(やまと)物語』なども書かれました。

また、『伊勢物語』に収められている和歌の多くは名作としての評価も高く、『後撰和歌集』や『拾遺(しゅうい)和歌集』などにも採録されました。

さらに、『伊勢物語』は、能や人形浄瑠璃(じょうるり)・歌舞伎(かぶき)にも影響を与えました。能の演目の『井筒(いづつ)』は『伊勢物語』第23段「**筒井筒**」をもとに構成したもの(幼馴染(おさななじみ)の恋愛を描く)であり、『雲林院(うんりんいん)』では『伊勢物語』が中心のテーマとなっています。とくに『井筒』は、能を大成させた世阿弥(ぜあみ)の作で、作者自身が最上級の作品であると自賛したほど、能の代表的演目となっています。一方、人形浄瑠璃・歌舞伎でも、『井筒業平河内通(かわちがよい)』や『競(はでくらべ)伊勢物語』で、『伊勢物語』のなかのエピソードが扱われています。

伊藤先生のひと言メモ

小倉百人一首「ちはやぶる　神代(かみよ)も聞かず竜田(たつた)川　からくれなゐに　水くくるとは」で有名な在原業平。この歌の発句(ほっく)が漫画『ちはやふる』(講談社、末次由紀(すえつぐゆき))の題名ともなり、若い人にも知名度を上げました。個人的には、『伊勢物語』第４段「月やあらぬ　春や昔の春ならぬ　わが身一つは　もとの身にして」も激推(お)ししたいです。

新撰姓氏録

しんせんしょうじろく

古代日本で暮らしていた
1182氏の氏族名鑑

作 万多親王など	年 815（弘仁６）年
数 不明	分 氏族名鑑

各氏族の氏名の由来などを記す

平安時代前期に**嵯峨（さが）天皇**の命によってつくられた氏族名鑑が『**新撰姓氏録**』です。京を含む畿内（きない）1182氏の、祖先、氏名の由来、分岐（ぶんき）の経緯などが記されています。

編纂の目的は、現実に即した律令国家体制の再建にあたり氏姓の秩序を明らかにするためでした。実際の編纂（へんさん）作業には、桓武（かんむ）天皇の第５皇子であった万多（まんだ）親王など複数の人たちがたずさわり、815（弘仁（こうにん）６）年に完成しました。

概要　「皇別」「神別」「諸蕃」

収録されている1182氏は、その出自から「**皇別（こうべつ）**」「**神別（しんべつ）**」「**諸蕃（しょばん）**」の３種類に分類されています。

皇別は神武（じんむ）天皇以降、皇室から分かれた氏族で、335氏います。代表的なのは「橘（たちばな）」「源（みなもと）」などです。神別は神武天皇以前に分かれたり、存在していたりした氏族で、404氏います。代表的なのは「藤原」「大中臣（おおなかとみ）」などです。諸蕃は渡来人系の

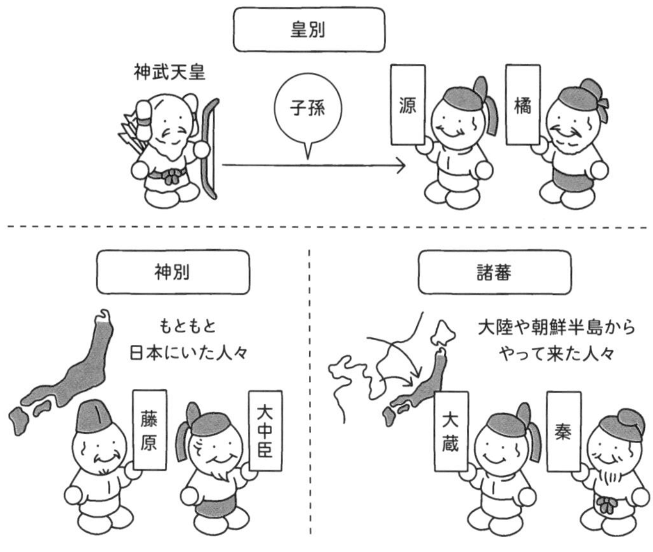

氏族で、326氏います。代表的なのは「秦（はた）」「大蔵（おおくら）」などです。

影響　氏族研究の一級史料

『新撰姓氏録』は、古代日本の氏族を研究するうえで欠かせない史料です。ちなみに、題に「新撰」とありますが、これ以前に『姓氏録』という書物があったわけではありません。

伊藤先生のひと言メモ

私は18歳で入学したのが法政大学文学部史学科で、日本古代史のゼミでした。2022年現在、聖心女子大学教授になられている佐々木恵介（ささきけいすけ）先生に、いつも皆「『新撰姓氏録』にはどう書いてあった？」と聞かれていたことを思い出します。私の卒論は『天智（てんじ）系皇室の復活』だったので、嵯峨天皇には勝手に親近感が湧いています。

古今和歌集

こきんわかしゅう

醍醐天皇の命によって編纂された初の勅撰和歌集

作 紀貫之、紀友則、凡河内躬恒、壬生忠岑	年 905（延喜５）年〜912（延喜12）年？
数 全20巻	分 歌集

紀貫之が中心となって編纂

最初の勅撰(ちょくせん)和歌集とされているのが『**古今和歌集**』です。勅撰和歌集とは、天皇や上皇の命によって編纂(へんさん)された歌集のことです。

序文によれば、醍醐(だいご)天皇の勅命によって、『万葉集』に撰ばれなかった古い時代の和歌と、それ以降の時代に詠まれた和歌を撰んで編纂されることになり、**905（延喜(えんぎ)５）年**に完成したとされています。ただ、現在伝わっている『古今和歌集』には、それ以降に詠まれた和歌も収められているため、一旦成立したあとも、いくつかの和歌が追加され、実際に完成したのは912（延喜12）年ごろともいわれています。

撰者は、**紀貫之(きのつらゆき)**、**紀友則(とものり)**、**凡河内躬恒(おおしこうちのみつね)**、**壬生忠岑(みぶのただみね)**の４人です。この４人とも、平安時代に和歌の名人とされた「三十六歌仙」に数えられています。４人のなかで編纂の中心となったのは、日本最古の日記文学である『土佐日記』の著者でもある紀貫之と考えられています。

概要 四季折々の歌と恋の歌

『古今和歌集』は全20巻で、1111首が収められています。そのうち撰者4人の歌が2割以上を占めており、紀貫之が102首、凡河内躬恒が60首、紀友則が46首、壬生忠岑が36首となっています。そして、全体の4割ほどは作者不明の読人知らずの歌です。

歌の内容を見てみると、春夏秋冬の情景を詠んだ四季折々の歌が342首、恋の歌が360首で、この二つのテーマが『古今和歌集』の中心となっています。

春を詠んだ歌では、在原業平(ありわらのなりひら)の「世の中に　たえて桜のなかりせば　春の心は　のどけからまし」は有名です。夏の歌では、紀友則の「天の川(あまのがわ)　浅瀬しら波　たどりつつ　渡りはてねば　明けぞしにける」、秋の歌では読人知らず(よみびとしらず)の「竜田(たつた)川　紅葉(もみじ)乱れて　流るめり　渡らば錦(にしき)　中(なか)や絶えなむ」、冬を詠んだ歌では、紀貫之の「雪降れば　冬籠りせる　草も木も　春に知られぬ　花ぞ咲きける」などは現在でもよく知られています。

恋を主題としたものでは、女性歌人である小野小町が恋しい人との夢での逢瀬を詠んだ「うたたねに　恋しき人を　みてしより　夢てふものは　頼みそめてき」も有名な歌です。この他にも、『古今和歌集』には、和歌の古典的傑作とされる歌が数多く収録されています。

注目　名文とされる紀貫之の序文

『古今和歌集』には、仮名で書かれた**仮名序**と漢文で書かれた真名序の、二つの序文があります。仮名序を書いたのは紀貫之、真名序を書いたのは平安時代の儒学者で歌人でもあった紀淑望というのが定説です。

そして、貫之の書いた仮名序は、和歌の成り立ちや分類、あるべき姿などを解説した日本で初めての本格的な文学論として高い評価を得ており、収められている和歌と並んで『古今和歌集』の読みどころとなっています。

また、仮名序の冒頭部分の「やまと歌は、人の心を種として、よろづの言の葉とぞなれりける。世の中にある人、ことわざ繁きものなれば、心に思ふことを、見るもの聞くものにつけて言ひ出せるなり。花に鳴く鶯、水にすむ蛙の声を聞けば、生きとし生けるもの、いづれか歌を詠まざりける。力をも入れずして天地を動かし、目に見えぬ鬼神をもあはれと思はせ、男女の仲をも和らげ、猛き武士の心をも慰むるは、歌なり」は和歌の本質を示した名文として、後世にも大きな影響を与えました。

もっとも、この貫之の仮名序は、後世の偽作であるという説もないわけではありません。

影響　江戸時代以降はやや評価が下がる

天皇の勅命により国家事業として編纂された『古今和歌集』は、当時の貴族の基礎教養となり、10世紀後半から11世紀にかけて花開いた日本独自の文化である国風文化の成立にも大きく寄与したとされています。収められている歌はお手本とされ、『源氏物語』のなかでも『古今和歌集』の和歌が数多く引用されています。

室町時代の武将であり歌人でもあった東常縁は、『古今和歌集』解釈の秘事口伝を「古今伝授」として弟子の宗祇に伝え、これがのちに御所伝授と奈良伝授の系統に分かれます。

しかし、江戸時代中期になると国学者の賀茂真淵などにより、繊細・優美で技巧的な「古今調」の『古今和歌集』よりも、大らか・素朴で直接的な「万葉調」の『万葉集』を評価する声も出はじめます。真淵は『万葉集』を男性的な「ますらをぶり」、『古今和歌集』を女性的な「たをやめぶり」と評し、『万葉考』を著しました。

さらに、明治時代以降も、俳人・歌人の正岡子規や詩人の萩原朔太郎の厳しい批評により、世間一般での『古今和歌集』の評価はやや低いものとなってしまいました。

伊藤先生のひと言メモ

現代風にいえば、素朴で力強い万葉調は、「一万年と二千年前から愛してる」「君の膵臓をたべたい」というような直接的表現。繊細で優美な古今調は、「別の人の彼女になったよ」「空の青さを知る人よ」みたいな技巧的表現。どちらが優れているかではなく、ラーメンならトンコツと醤油のどっちが好き？　という話みたいなものです。

寛平御遺誡

かんぴょうのごゆいかい

宇多天皇が譲位する際 幼い新帝に与えた書置き

作 宇多天皇	年 897（寛平９）年
数 １巻？	分 遺訓

背景 醍醐天皇への注意事項

30歳の**宇多天皇**は897（寛平９）年に突如、自身の子で、皇太子であった敦仁(あつひと)親王に譲位してしまいました。新たに天皇となった醍醐(だいご)天皇は、まだ12歳でした。そこで、宇多天皇が、天皇としての心構えやさまざまな注意事項を書き残したものが『**寛平御遺誡**』です。

概要 菅原道真を高く評価

『寛平御遺誡』には、朝廷の政務儀式や、天皇の日常の行動、学問の大切さなどが記されています。また、宇多天皇自身による宮中の人物評も記されており、なかでも蔵人頭(くろうどのとう)に登用した紀伝道の学者である菅原道真を高く評価しています。醍醐天皇への譲位についても、宇多天皇は道真だけに相談して決めたと、この書置きには記されています。

ただ、宇多天皇に重用されたことで道真は貴族の反感を買い、のちに大宰府(だざいふ)に左遷される原因になったともいわれます。

影響 さまざまな書物に引用される

鎌倉時代の書物には、『寛平御遺誡』が全1巻とありますが、原本は残っていないため正確にはわかりません。ただ、平安時代中期以後、本書の各部分が多くの書物に引用されたため、それらを合わせるとほぼ全体が再現できるとされています。

伊藤先生のひと言メモ

以後の皇位継承者も読む"帝王学"の教訓書。イギリスの貴族が書いた『わが息子よ、君はどう生きるか』（三笠書房、チェスターフィールド）や、カナダの実業家が書いた『ビジネスマンの父より息子への30通の手紙』（新潮文庫、ウォード）がロングセラーとなっているように、父から子への言葉は独特の重みがありますね。

倭和名類聚抄

わみょうるいじゅしょう

漢語の意味と日本語の読みをまとめた百科漢和辞書

作 源順	年 930年代
数 10巻ないしは20巻	分 辞書

背景 平安時代の漢和辞書

醍醐(だいご)天皇の第４皇女である勤子(きんし)内親王の求めに応じて、学者・歌人でもあった**源順(したごう)**が編纂した**百科漢和辞書**が『**倭名類聚抄**(倭名抄)』です。書名は『倭名類聚鈔』、『和名類聚抄』と表記されることもあります。「類聚」とは「同じ種類のものを集める」という意味です。

概要 ジャンルごとに言葉を分類

『倭名類聚抄』は、10巻本と20巻本の２系統が伝わっています。天文や体の部位、食物などジャンル別に言葉が集められており、10巻本では24、20巻本では32のジャンル(部)に分けられています。

辞書の形式としては、名詞をまず漢語で示し、漢籍を引用しながら解説をしています。また、各名詞の日本語での読み(和名)を万葉仮名で示しています。たとえば、天文分野の「日」の項目では、「『造天地経』によると、仏が宝応菩薩(ぼさつ)に命じて

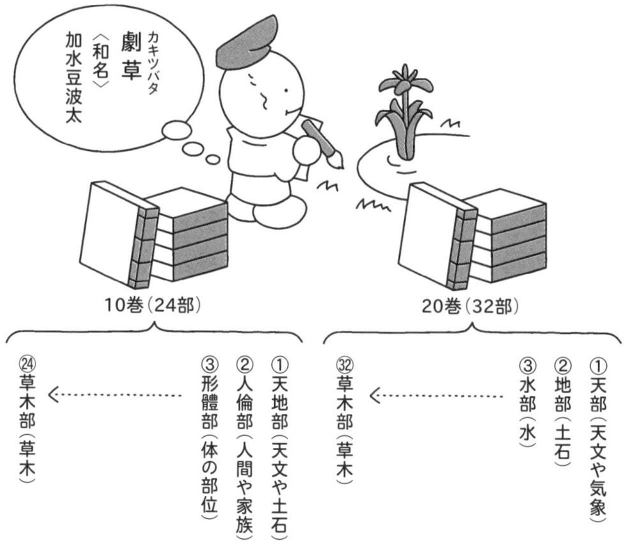

日を造らせたとのことである」とあります。

影響　当時の社会を知る手掛かりにも

編纂（へんさん）当初から『倭名類聚抄』は、漢語の和訓を知るために重宝されました。また、現代においては、当時の社会、風俗、制度などを知る史料として貴重なものとなっています。

伊藤先生のひと言メモ

当時の「無人島に１冊だけ持っていくなら……」候補No.１ですね。皇族・貴族の世界では、教養がない人は相手にされませんから、ニーズに沿った本がよいタイミングで編纂されたものです。「大全」系の本は重宝され、何度も何度もめくり、蔵書として家族の一員のようになります。本書も、そうありたいものです。

枕草子

まくらのそうし

平安時代を代表する
女性作家のエッセイ

作 清少納言	年 平安時代中期
数 不明	分 随筆

「枕」の意味は現在も不明

「**春はあけぼの**」の書き出しで有名な『**枕草子**』は、平安時代中期の女性作家・歌人の**清少納言**が書いた随筆です。正確な成立年代はわかっていませんが、1001（長保３）年ごろには完成していたと考えられています。

執筆のきっかけは、『枕草子』の跋文（あとがき）によれば次のようなものです。清少納言が一条天皇の中宮（最高位の妃）である**定子**に女房（女官）として仕えていた時、定子の兄である内大臣の藤原伊周が、一条天皇と妹に当時まだ高価だった紙を贈りました。定子はその紙に何を書くべきか清少納言にたずねたところ、彼女は「枕にこそは侍らめ（それなら、枕でしょう）」と答えます。そこで定子は清少納言に紙を与え、『枕草子』が書かれることになりました。『枕草子』という題名もここからきています。

もっとも、ここでいう「枕」が何を意味しているのか、じつは現在もよくわかっていません。枕のように簡単には他人に

見せないという意味だとする説や、ただのダジャレだとする説など、諸説あります。それに当時、枕草子はメモ帳を意味する一般名詞だったという説もあります。

また、『枕草子』の跋文にある定子と清少納言のやり取り自体が、清少納言の創作だともいわれています。実際、『枕草子』の記述のなかには、清少納言の空想や妄想も数多く含まれています。そういう意味で、『枕草子』は事実を書く日記ではなく、まさに自由に筆を遊ばせた随筆なのです。

概要 ものづくし、四季の自然、宮廷生活

『枕草子』は、ひらがなを多用した和文で書かれた約300の短い章段で構成されています。内容的には大きく分けて、「ものづくし」とも呼ばれる、一つのテーマで連想されることをつづった「類聚的章段(るいじゅうてきしょうだん)」、日常生活や四季の自然を観察した「随想的章段」、定子に仕えていた時代を振り返った日記的な「日

記（回想）的章段」の三つに分類されるのが一般的です。

類聚的章段で「すさまじきもの」というテーマの場合、「昼吠ゆる犬。春の網代（あじろ）。三、四月の紅梅の衣。牛死にたる牛飼ひ。稚児（ちご）亡くなりたる産屋（うぶや）。火おこさぬ火桶（ひおけ）、炭櫃（すびつ）。博士のうち続きに女子うませたる。方違（かたたがえ）にゆきたるにあるじせぬ所。まして節分などはいとすさまじ」と、テーマから連想されるものが列挙されています。

他にも、「心ときめきするもの」や「あてなるもの（上品なもの）」など、さまざまなテーマが取り上げられています。

ただし、３種の内容分類は厳密なものではなく、さまざまな解釈もなされています。たとえば、冒頭の「春はあけぼの。やうやうしろくなりゆく山ぎは、すこしあかりて、紫だちたる雲のほそくたなびきたる」は、一般的には随想的章段と見なされていますが、そうではないという意見もあります。

注目　「をかし」の美を代表する文芸

鋭（するど）い観察眼にもとづいた軽妙な筆致で書かれた『枕草子』は、「**をかし**」の美を体現した古典文芸の代表的な作品と位置づけられています。「をかし」とは、「明朗で知性的な感覚美」というような意味です。ただ、「回想的章段」のなかには、多少感傷的な文章も混じっています。これは、清少納言が仕えた定子の後年が、父を失い、兄たちが失脚するなど不幸だったためです。

ところで、この「をかし」と対照的な美的概念は、「しみじみとした情緒や哀愁（あいしゅう）」を意味する「もののあはれ」です。紫式部の書いた『源氏物語』は、「もののあはれ」を体現した代表的な文学とされます。そのため、この２作品は、平安時代の二大女性文学としてよく比較されます。

なお、後世、清少納言と紫式部が不仲だったという逸話が広まりますが、両者が活躍していた時期は少しずれていますし、のちの中宮である彰子の女官となった紫式部が、一方的に意識していただけのようです。

影響 三大随筆の一つとして現代でも人気

随筆の名作である『枕草子』は、鴨長明の『方丈記』、兼好法師（卜部兼好）の『徒然草』と並んで**日本三大随筆の一つ**にも数えられています。また、後世の随筆や物語作品、さらには連歌・俳諧などにも大きな影響を与えました。

一つの章段が短く、簡明な言葉で書かれている『枕草子』は、原文でも現代語訳でも読みやすく、現代まで高い人気を誇っています。橋本治の『桃尻語訳 枕草子』や田辺聖子の『むかし・あけぼの―小説枕草子』など、『枕草子』を題材とした現代作家の作品や、漫画なども幅広く親しまれています。

そんな『枕草子』の原本は現存しておらず、さまざまな伝本が残されているだけです。伝本は、類聚的章段、随想的章段、回想的章段の３種の章段をばらばらに並べた雑纂形態と、それらを内容ごとに整理した類纂形態に大別されます。

伊藤先生のひと言メモ

言葉と教養を武器に、宮中でたくましく生きる中流・中年の清少納言の息遣いが伝わる快作です。教科書の代表的な文のみで、通しで読んだことがない人は本当にもったいない！ 文を交わしたこともなければ会ったこともない紫式部に後年ディスられることになるほどの彼女の才気が、多少のイキリ・誇張癖とともに炸裂しています。

源氏物語

げんじものがたり

貴公子の恋愛遍歴を描いた
華麗なる平安王朝文学

作 紫式部	年 平安時代中期
数 54帖	分 物語

藤原道長の支援を受けて完成

平安時代の下級貴族で歌人でもあった藤原為時（ためとき）の娘として生まれた**紫式部**は、当時としては遅い20代後半で結婚し一女をもうけましたが、３年ほどで夫と死別。その寂しさをまぎらわすために書きはじめられたのが、『**源氏物語**』だとされています。

執筆を開始した当初は、知り合いなど、ごく仲間内だけに見せていただけでしたが、やがて物語のおもしろさが人々に知られるようになります。その評判を聞いた左大臣・内覧（ないらん）だった藤原道長が、一条天皇に入内（じゅだい）させた娘の彰子（しょうし）の家庭教師として紫式部を雇い、以後、道長の支援を受けながら物語を完成させました。ちなみに、道長と紫式部は男女の関係にあったのではないか、ともいわれています。

ただ、『源氏物語』が、いつごろから書きはじめられ、どのくらいの期間執筆され、いつ完成したのかは、はっきりとはわかっていません。作者は紫式部であるというのが定説に

なっていますが、その直接的な証拠は残されていません。そのため、物語の主人公・**光源氏**のモデルの1人ともいわれる、源高明（969年の「安和の変」で大宰府に流された左大臣。醍醐天皇の子）自身が作者であるという説や、複数の作者によって書き継がれたという説などもあります。

概要 光源氏の栄光と挫折

『源氏物語』は、全部で54のエピソードで構成されており、これを**54帖**と数えます。物語のなかでは70年あまりの時間が流れ、主人公の光源氏を通して数々の恋愛模様や政治権力闘争など、平安時代の貴族社会が詳細に描かれています。作中には数多くの和歌も挿入されており、その数は800首ほどにもなります。

一般的に『源氏物語』は3部構成と考えられています。第1部は、天皇の子として生まれ、才能・容姿に恵まれた貴族の光源氏の華やかな恋愛遍歴と栄華を極める前半生が主題です。第２部では、光源氏が男女の愛のはかなさを悟り、出家を志す後半生が主題となっています。第３部では、光源氏が死去したあとの、薫（かおる）の君（きみ）や匂宮（におうみや）といったその子孫の恋愛と人生が描かれています。

もっとも、『源氏物語』は３部構成ではなく、４部構成であるという説もあります。全54帖のうち、**第41帖の「雲隠（くもがくれ）」は題名だけが伝えられており、本文は残されていません。** これには、そもそも題名だけで本文がないという説と、本文が散逸してしまったという説があります。

さらに、平安時代末期に書かれた歴史物語の『今鏡（いまかがみ）』や鎌倉時代に書かれた評論の『無名草子（むみょうぞうし）』には、『源氏物語』を全60帖とする記述があるため、いまでは失われてしまったエピソードがあった可能性もあります。

注目　「もののあはれ」を体現

『源氏物語』は、「しみじみとした情緒や哀愁（あいしゅう）」を意味する**もののあはれ**を体現した文学の傑作とされています。「もののあはれ」は、『枕草子』の「をかし」の美と並び、平安時代を代表する、日本固有の美的観念です。

物語の前半では華やかな貴族社会が描かれていますが、しだいに仏教的な無常観や諦観（ていかん）が色濃くなっていきます。とくに第３部は、仏教思想が前面に出てきます。

ところで、1000年以上前に書かれた『源氏物語』は、「世界最古の長編小説」といわれることがあります。しかし、１～２世紀の古代ローマにおいて、すでに長編小説ともいえる作品が書かれていたため、「世界最古」という言い方は正確ではありません。日本だけに限っても、『源氏物語』よりも前に『竹取物語』や『宇津保（うつほ）物語』も書かれています。ただ、後世に残した影響の大きさでいえば、『源氏物語』が日本文学の源流であることも間違いありません。

影響 海外でも知られる日本の古典

執筆の途中段階から『源氏物語』は貴族社会で広く読まれており、完成後は貴族の基礎教養ともなりました。完成から100年以上経った平安時代末期の歌人・藤原俊成（定家の父）は「源氏見ざる歌詠みは遺恨の事なり」という言葉を残しており、当時すでに古典として貴族のたしなみとなっていたことがわかります。同じく平安末期には『源氏物語絵巻』として絵画化もされます。また、そのころ藤原定家が多くの写本を整理し、現在読まれている形にまとめました。

平安時代以降も、鎌倉、室町、江戸時代と、『源氏物語』は日本の古典文学を代表する作品として読み継がれてきました。とくに江戸時代に入ると、庶民にも普及します。

そして、近代以降は、与謝野晶子や谷崎潤一郎、円地文子、田辺聖子、橋本治、瀬戸内寂聴、角田光代など、さまざまな作家が現代語訳に取り組みました。19世紀以降、20カ国語以上に翻訳され、海外でも愛読されています。

伊藤先生のひと言メモ

漫画『あさきゆめみし』（講談社、大和和紀）を、「古文対策になるから」と親を説得し全巻買い、『源氏物語』にハマるのが伝統的受験生。その後、与謝野晶子か谷崎潤一郎の現代語訳に挑戦して挫折するのが大学生の王道。現代の作家の訳ならいつか……で現在に到るのが一般的な社会人。今回が最後のチャンスかも？　ぜひ！

往生要集

おうじょうようしゅう

日本人の地獄観を決定した平安時代中期の仏教書

作 源信	年 985（寛和元）年
数 3巻	分 思想書

背景 師が病に倒れたことで執筆される

『**往生要集**』は平安時代中期の僧である**源信（恵心僧都）**が書いた仏教思想書です。942（天慶５）年に大和国（現在の奈良県）に生まれた源信は、幼くして父親と死別したこともあり、８歳の時に天台宗の総本山である比叡山延暦寺に入り、高僧である良源の弟子となりました。

源信は、14歳の時に村上天皇から法華経を講義する法要（法華八講）の講師の１人に選ばれるほど聡明でした。この時、天皇から下賜された高価な褒美の品を故郷の母親に送ったところ、母親は「**後の世を渡す橋とぞ思ひしに 世渡る僧となるぞ悲しき** まことの求道者となり給へ」という和歌を添えて、褒美を源信のもとに送り返しました。この母の思いに打たれた源信は、以後、比叡山内に隠棲し、横川の恵心院で念仏三昧の修行生活を送るようになります。

そして、984（永観２）年から書かれたのが『往生要集』です。執筆のきっかけとなったのは、敬愛する師の良源が病に倒れ

たことといわれています。良源は翌年に亡くなってしまいますが、その2カ月後に『往生要集』は書き終えられました。

その後、**藤原道長が帰依（きえ）**したことで源信は朝廷から権少僧都（ごんしょうそうず）という高い位を得ますが、母の願いを守って、わずか1年で権少僧都の位を辞してしまいました。

概要　阿弥陀仏の力で極楽浄土に行く

源信が『往生要集』のなかで説いたのは、**浄土信仰（浄土教）**です。浄土信仰は、**阿弥陀如来（あみだにょらい）**（阿弥陀仏）を信仰し、**念仏「南無阿弥陀仏」**を唱えることで西方の**極楽浄土に往生する**という仏教思想の一つです。

浄土信仰やその背景となる末法思想は、7世紀に中国の僧侶である善導（ぜんどう）が大成し、遣隋使・遣唐使を通じて日本に入ってきていました。しかし、9世紀以降、天台宗・真言宗を中心に密教が隆盛した日本仏教の主流とはならず、それは源信の生まれた10世紀も同じでした。それでも源信は、浄土信仰こそが人々を救うと考え、多くの経典や仏教理論書を引用しながら、『往生要集』を記しました。

上・中・下の３巻構成のうち、上巻では地獄・餓鬼（がき）・畜生・修羅（阿修羅）・人間・天の６つの世界（六道（ろくどう））と、それとは別に存在する極楽浄土について解説しています。そして、中巻では念仏修行の方法論を、下巻では念仏を唱えることの意味や、いかに念仏が優れているかが説かれています。

注目 強烈な印象を残す地獄の描写

全体としては浄土信仰を説いている『往生要集』ですが、当時もいまも読む人に強烈な印象を残すのは、この本に記された詳細な地獄の描写です。

『往生要集』では、地獄は比較的軽いものから数えて、等活（とうかつ）地獄、黒縄（こくじょう）地獄、衆合（しゅうごう）地獄、叫喚（きょうかん）地獄、大叫喚地獄、焦熱（しょうねつ）地獄、大焦熱地獄、阿鼻（あび）地獄の８つがあるとしています。さらに、その８つの地獄に、それぞれ16の副地獄があり、合計では128もの地獄があると記されています。

たとえば、殺生の罪を犯した亡者が落ちる等活地獄では、恐ろしい獄卒に鉄棒で打たれ、体はバラバラになりますが、また復活し、何度でも身を砕かれるといいます。あるいは、邪淫（じゃいん）の罪人が行く衆合地獄では刀が立ち並ぶ林に連れて行かれ、体を引き裂かれるといいます。

この他、血の池地獄や針の山、煮えたぎる釜（かま）など、日本人の想像する地獄のイメージは、すべてこの『往生要集』から来ているといっても間違いではありません。

源信は現世での善行を勧めるために、このように恐ろしい地獄の様子を記しました。ただ、あまりに迫真の描写だったため、『往生要集』＝「地獄について書いてある本」という印象を読者に与えてしまったことは否定できないでしょう。

影響 鎌倉新仏教の礎となる

源信の生きていた平安時代中期、浄土信仰は日本仏教の主流となることはありませんでした。しかし、「市聖(いちのひじり)」「阿弥陀聖」ともうたわれた空也(くうや)の布教活動や、源信が書き残した『往生要集』の影響もあって、鎌倉時代に入ると浄土信仰は多くの信者を集めるようになり、浄土宗、浄土真宗(一向宗)、時宗が次々に開かれ、日本仏教における一大勢力となっていきます。とくに、一般庶民のなかでの浄土信仰の人気は絶大なものとなりました。

浄土宗の開祖である法然は、『往生要集』によって浄土信仰に目覚めたとされています。また、法然の弟子で、浄土真宗の宗祖とされる親鸞(しんらん)もまた多大な影響を受けたとされ、源信を称える歌を10首ほど残しています。これらのことから、源信はのちに日本の「浄土信仰(浄土教)の祖」とも称されるようになりました。

ところで、紫式部の『源氏物語』や、芥川龍之介の『地獄変』には、「横川の僧都」という人物が登場します。この僧侶のモデルは源信だといわれています。

伊藤先生のひと言メモ

日々を生き延びるのに精一杯ではなく、「どうすれば地獄に落ちずに済むか」「汚れた現世(厭離穢土(おんりえど))から、清らかな極楽浄土へ」と考える余裕があり、しかも文字が読める、当時の皇族・貴族のニーズにストライクした「地獄ガイド」「往生マニュアル」が『往生要集』。中国の宋にも持ち込まれ、広く読まれた国際的な存在です。

中右記

ちゅうゆうき

院政初期の政治情勢を明らかにした貴重な史料

作 藤原宗忠	年 1087（寛治元）年～1138（保延４）年
数 不明	分 日記

背景 平安時代後期の約半世紀の記録

『**中右記**』は、平安時代後期の上級貴族である**藤原宗忠**（むねただ）が書き残した日記です。日記は白河上皇による院政が開始された翌年の1087（寛治元（かんじ））年正月から書き始められ、宗忠が出家をした1138（保延（ほうえん）４）年で終わっています。彼の年齢で見ると、25歳から76歳までの50年間ほどの長期間にわたって書き続けられました。

題名の『中右記』は、宗忠の邸宅があった中御門（なかみかど）という地名と、彼の官職であった右大臣から１字ずつを取ってつけられたものです。ただ、そんな「**中御門右大臣**」こと藤原宗忠自身は、自身の日記のことを『愚林』と名づけていました。『中右記』と呼ばれるようになったのは後世のことです。

現在伝わっている『中右記』は、もともと宗忠が書いていた日記を、のちに本人とその子である宗能（むねよし）が整理し、まとめたものです。宗忠によれば、初めの34年分で160巻に達していたというので、原本である日記は200～250巻近くになる長大

な分量があったと考えられています。しかし、改稿によってかなり圧縮され、原本となる日記は破棄されています。

概要　政治社会情勢から人物評まで

日記に書かれている内容は、院政初期の政治・社会情勢や朝廷の諸行事と政務、京における民衆の暮らしぶりなどです。それらが非常に詳細に記録されています。

たとえば、1113（永久元）年４月30日の日記には「武士は丹後守以下、天下の武者、源氏・平氏の輩、皆南京の大衆を禦がむがために、宇治の一坂辺りに遣はさる。此の中、検非違使・正盛・重時・忠盛行き向かふ。是、群議に依り院の指し遣はす所なり。又、出羽守光国弁びに大夫尉盛重を山の西坂下に遣はし、山大衆の下向を止めらる」とあります。

これは、比叡山と興福寺の僧兵が強訴のために京に迫ってきたのを、**白河上皇（法皇）**が武士を動員することで防いだという記述です。これにより、当時盛んに行われていた大寺院の強訴に対抗するために武士が重用されるようになり、そのことが武士階級の中央政界への進出のきっかけとなったことがわかります。

　また『中右記』では、重要な人物が亡くなると、そのことを記すとともに、人物の略伝や宗忠の論評が書き添えられているのも特徴です。白河上皇が1129（大治(だいじ)４）年７月24日に亡くなった際の日記に、宗忠は次のような人物評を書き残しています。

「天下の政をとること五十七年、意に任せて法に拘(かか)わらず除目叙位を行い給う。（中略）。威四海(いしかい)に満ち天下帰伏(きふく)す。幼主三代の政をとり、斎王(さいおう)六人の親となる。桓武(かんむ)より以来絶えて例なし。聖明の君、長久の主というべきなり。但し理非決断、賞罰分明、愛悪(あいお)を掲焉(けちえん)とし、貧富顕然(けんぜん)なり。男女の殊寵(しゅちょう)多く、すでに天下の品秩(ひんちつ)破るなり」

　宗忠は「その威勢は天下に満ちた」と白河上皇の実力を高く評価しつつも、「法を気にせず、勝手なことをし」「世の中の秩序を混乱させた」と批判的なことも書いています。これにより、当時の人々に白河上皇の横紙破りがどう見られていたかが、よくわかるといえるでしょう。

注目　公的な歴史書にない貴重な記載も

『中右記』は、**院政初期の時代状況を知るための第一級の史料**とされています。

　さらに、この日記には、宗忠が京の治安を担っていた検非違使に任命された時の業務や、熊野や伊勢へ旅行した時のことなども記されています。そのため、公的な歴史書にはあまり記録されない、当時の警察機構や交通のあり方を知るうえで重要な史料ともなっています。

影響 京の貴族たちの参考書になる

朝廷における行事や法令、制度、習慣、官職、年中行事、儀式などについても、『中右記』では事細かに記載しています。そのため、『中右記』は、**朝廷での政務や儀式にたずさわる京の貴族たちにとって参考書のようなものとなり**、日記を書き写したものが平安時代以後も貴族社会で広く読まれ続けることとなりました。

現在、宗忠の自筆本は残っていませんが、宮内庁書陵(しょりょう)部には鎌倉時代の写本が所蔵されています。その他に、京都市右京区にある近衛(このえ)家伝来の古文書、典籍、記録、日記、書状などを保管している陽明(ようめい)文庫にも、『中右記』の写本が残されています。

ちなみに、摂関政治期の**藤原道長『御堂(みどう)関白記』、藤原実資(さねすけ)『小右記』**、藤原行成(ゆきなり)の『権記(ごんき)』や、院政後期の藤原頼長(よりなが)の『台記(たいき)』など、他の平安時代の貴族たちも日記を残しています。それらは、どれも当時の社会や政治、宮廷の儀式などを知るための貴重な史料です。

伊藤先生のひと言メモ

平安時代後期になると、政治は先例に従って行われ、年中行事が発達したので、先例や儀式に精通することは必須の教養でした。一族のために詳細な日記を残すのは趣味ではなく、上級貴族としての重要な仕事だったのです。現代でいう私的なSNS運用とは違い公的な性格が強く、著名人の公式ブログに近い感じかと。

大鏡

おおかがみ

初期の歴史物語であり「四鏡」のなかの最高傑作

作 不詳	年 平安時代後期
数 3巻・6巻・8巻	分 歴史物語

歴史にもとづいた物語

「歴史を明らかに映し出す優れた鏡」という意味の題名をつけられた**『大鏡』**は、平安時代後期に成立したと、考えられている**歴史物語**です。歴史物語とは、実際の歴史にもとづいて物語風に書かれた作品のことです。一見すると歴史書のようなスタイルで執筆されているため、書かれている内容がすべて史実のように受け取られがちですが、著者が創作した部分が入り混じっていることも多く、本質的には文学作品といえます。

『大鏡』の正式な成立年代は不明です。本文中に「今年、万寿(まんじゅ)二年乙丑(きのとうし)とこそは申すめれ」という文章があるため、書かれたのは1025(万寿２)年と考えられていた時代もありました。しかし、詳細に本書の記述を読むと、1025年の時点では書けない内容もあることから、現在はそれよりも40～90年後に成立したとみられています。

作者も不詳ですが、記されている内容からすると、藤原北(ほっ)

家（藤原四家の一つで、房前を祖とする家系）やその縁戚である村上源氏に近い男性貴族ではないかといわれています。著者候補として具体的に複数の名前が挙がっていますが、近年は、歌人でもあった源顕房が有力視されています。

概要　190歳と180歳の老人の対談

『大鏡』（世継物語）は、京都の雲林院という寺で出会った190歳の**大宅世継**と180歳の**夏山繁樹**という**２人の超老人**が、自分たちの見てきた歴史を語り、それを側で聞いている30歳ほどの**若侍**が批評するという対話形式で書かれています。「先つころ、雲林院の菩提講に詣でて侍りしかば、例人よりはこよなう年老い、うたてげなる翁二人、嫗と行き会ひて、同じ所に居ぬめり」という冒頭の文章は有名です。

そして、２人のただの老人の対談によって語られるのは、文徳天皇が即位した850（嘉祥３）年から後一条天皇の治世である1025（万寿２）年までの176年間の出来事です。老人たちは、その間の朝廷の歴史を、有力貴族である藤原四家のなかで摂関家として最も栄えた藤原北家、その家系の出身であり、とくに天皇の外戚として絶大な権力を振るった藤原道長の生涯を中心に語っていきます。

『大鏡』の全体の構成は、中国の史書『史記』などに見られる**紀伝体**という形式に則っています。これは、歴史の流れを、皇帝や王などの支配者に関した出来事を記述する「**本紀**（ほんぎ）」や、国に仕えた官僚など個人の一生を記した「**列伝**」などに分けて記すというものです。

ところが、『大鏡』における天皇に関する記述は少なく、そのほとんどが藤原北家と道長に割かれています。『大鏡』には３巻本、６巻本、８巻本と３種類の伝本があります。その６巻本を見てみると、第１巻は先に紹介した２人の老人が出会う「序」と天皇の事績を記した「帝紀」で、残りの５巻は藤原北家の「列伝」となっています。なかでも道長については第５巻と第６巻の２巻を費やして詳細に記述しています。

このことから、『大鏡』の作者が藤原北家と道長の歴史を書くことに関心を持っていたかが、よくわかるでしょう。

注目 藤原道長に対して批判的な視線

歴史物語としての『大鏡』の特徴は、本書の主題となっている藤原北家と道長に対して、**批判的な視線**で書かれていることです。『大鏡』と同時代に書かれた歴史物語に『**栄花物語**（えいが）』がありますが、こちらのほうは藤原道長を**賞賛的**に描きすぎているため、後世の評価は低いものとなっています。

一方で『大鏡』は、その豊かな批評精神から現在も高く評価されており、古典文学としても一級品と見なされています。

影響 「四鏡」を生み出す

公的な歴史書とは違う形で歴史を批評的に描き出した『大鏡』の影響は大きく、その後、『**今鏡**(いまかがみ)』『**水鏡**(みずかがみ)』『**増鏡**(ますかがみ)』という類似の歴史物語を三つ生み出しました。そのどれもが、高齢の老人が歴史を語るという、『大鏡』とまったく同じ形式をとっています。

平安時代末期に成立した『今鏡』が扱っているのは、後一条天皇の治世の1025(万寿2)年から高倉(たかくら)天皇の治世までの146年間です。鎌倉時代初期に書かれた『水鏡』では、『大鏡』より前の時代を扱い、初代・神武(じんむ)天皇から第54代・仁明(にんみょう)天皇までの歴史を記述しています。そして、室町時代に書かれた『増鏡』では、後鳥羽天皇が誕生した1180(治承4)年から後醍醐(ごだいご)天皇が京都にもどる1333(元弘3)年までの約150年間を記しています。

『大鏡』『今鏡』『水鏡』『増鏡』は、あわせて「**四鏡**(しきょう)」と呼ばれ、まとめて「**鏡物**(かがみもの)」と呼ばれることもあります。そのなかでもやはり『大鏡』が最高傑作とされています。

伊藤先生のひと言メモ

「四鏡」は古文の文学史で成立順に「大今水増(大根水増し)」と覚えるのはド定番。さらに難関大の日本史対策では、書かれている内容順「水大今増」(水大根増し)までを押さえます。『水鏡』が『大鏡』より前の神代(かみよ)から書かれていることや、『増鏡』が承久の乱や鎌倉幕府滅亡の史料として出てきたり。受験業界の人間にも身近な存在です。

今昔物語集

こんじゃくものがたりしゅう

インド、中国、日本を舞台にした短編集

作 不詳	年 平安時代末期
数 31巻	分 説話集

背景 仏教知識の深い作者

『**今昔物語集**』は、平安時代末期に成立したと考えられている**説話集**です。説話とは、古くから伝わる民話や伝説のことで、日本最古とされているのは、平安時代前期の仏教説話集『日本霊異記(りょういき)』です。

正確な成立年代は不明ですが、収められている説話に出てくる事件や登場人物などの年代から、1120年代～1150年代ごろに成立したとされています。この時期は、白河上皇(法皇)と鳥羽上皇(法皇)による**院政期**にあたります。

作者も不明で、複数の人物の協同作業で書かれたのか、それとも１人が書いたのかもわかっていません。ただ、記されている内容から、仏教の知識が豊富な書き手だろうと考えられており、とくに東大寺や興福寺といった奈良の大寺院に属していた僧侶が作者として有力視されています。

さらに、『今昔物語集』の本来の題名もわかっていません。ただ、各説話のほとんどが「**今ハ昔**(今となっては昔のことだ

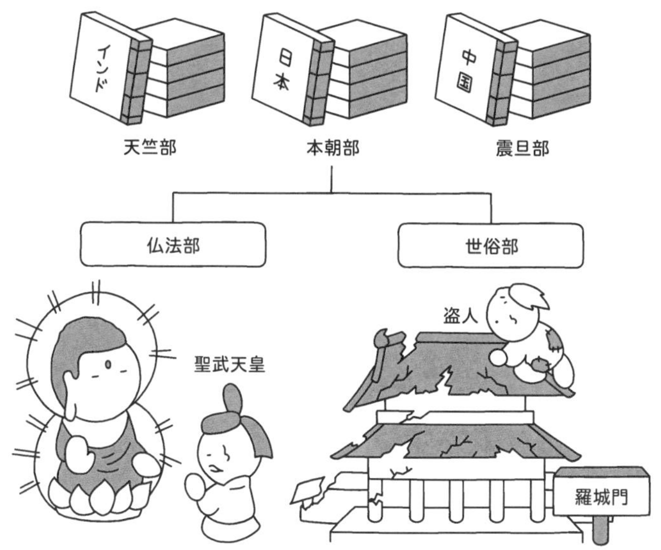

が)」という書き出しで始まっていることから、後世、便宜上『今昔物語集』と呼ばれるようになったのです。なお、各説話の最後はすべて「**トナム語り傳ヘタルトヤ**(このように語り伝えられているということだ)」という句で終わっています。

概要　平安末期の庶民の暮らしを知る

全31巻で1000話以上の説話を収めている『今昔物語集』ですが、8巻、18巻、21巻は欠けており、現存していません。全体は、**インド**が舞台の説話をまとめた**天竺部**(てんじく)、**中国**が舞台の説話をまとめた**震旦部**(しんたん)、**日本**が舞台の説話をまとめた**本朝部**(ほんちょう)の3部構成となっています。

より細かく構成を見ていくと、第1巻から第5巻までが天竺部で、主に釈迦(しゃか)(ブッダ)の生涯やその教えなどにまつわる説話が収められています。第6巻から第10巻までが震旦部で、このうち第9巻までは中国への仏教の渡来や、その後の中国で仏教が広まっていくなかで生まれた説話が収められています。また、第10巻だけは中国の史書や説話などからとった仏教とは関係のない怪異譚(かいいたん)が収められています。

そして、第11巻以降は日本が舞台となっている本朝部ですが、第11～20巻の仏法部と第21～31巻の世俗部に分けられています。仏法部は、日本における仏教説話をまとめたものです。一方、世俗部には仏教とは直接関係のない、藤原氏の列伝や芸能譚、武士の活躍、妖怪変化の話、歌物語や恋物語など、さまざまなタイプの説話が収められています。

現代の読者にとって、とくにおもしろく読めるのは、この本朝世俗部でしょう。たとえば、第30巻に収められている身分の高い女性に恋をした平定文(たいらのさだふみ)(貞文(さだふん)とも＝歌物語『平中(へいちゅう)物語』の主人公)というプレイボーイがあきらめきれず便所に忍び込み、彼女の使った便器を盗む説話などは、広く知られています。

また、世俗部に収められている説話には、貴族や僧侶、武士といった身分の高い人たちばかりでなく、農民や遊女、盗賊など、さまざまな階層の人たちが登場してきます。そのため、当時の庶民の暮らしぶりを知るうえで貴重な手掛かりともなっています。

注目　後世に託された空白

『今昔物語集』の作者は、勝手な創作をするのではなく、きちんと伝承を書き残そうと考えていたようで、可能な限り、どの地域の誰の話かということを明記しています。それがわからない場合、本文のなかで「今ハ昔、○○○ノ国ニ○○○トイフ人アリケリ」といった形で、不明な固有名詞を空白のままにしています。

後世の人が、その空白部分に加筆してくれることを期待しているのです。そのため、**『今昔物語集』の文章は意図的な欠落部分の多い、特異なものとなっています**。

影響 芥川龍之介に影響を与える

芥川龍之介や菊池寛、堀辰雄や武者小路実篤など、さまざまな近代文学者が『今昔物語集』から題材をとった小説を書いています。なかでも、芥川の『鼻』『羅生門』『藪の中』は有名です。

『鼻』は、『今昔物語集』の「池尾禅珍内供鼻語」をベースにした、大きすぎる滑稽な鼻であることに悩む僧侶の話です。『羅生門』は、「羅城門登上層見死人盗人語」に「太刀帯陣売魚姫語」の内容の一部を加えた作品で、平安時代の荒廃した京を舞台に、生きるために悪に手を染めなければならない人間が描かれています。『藪の中』は「具妻行丹波国男 於大江山被縛語」を題材とする、盗賊に襲われた夫婦の物語です。登場人物の立場によって証言がまったく異なり、真相がわからないところが読みどころとなっています。

『藪の中』は1950年に、黒澤明によって『羅生門』のタイトルで映画化され、その後、アメリカでも映画化されました。

伊藤先生のひと言メモ

『今昔物語集』の補完として鎌倉時代に編纂された『宇治拾遺物語』を含め、教科書的にも知名度バツグンの説話集。私は、今昔・宇治の両方に掲載され、のちに芥川龍之介が小説『芋粥』に仕立て上げた『五位』（長年の願いを叶えたがイマイチという話）や、宇治の『児のそら寝』（見栄を張りなさんなという話）などが好きです。

日本紀略

にほんきりゃく

六国史の抜粋で構成された平安時代の歴史書

作 不詳	年 11世紀後半〜12世紀ごろ
数 34巻	分 国史

背景 正式な題名は不明

『日本紀略』は編年体で記された史書です。編纂（へんさん）されたのは平安時代ですが、正式な成立年代も編纂者もわかっていません。さらに、はっきりした書名もわかっておらず、『日本史紀略』『日本史略』『日本史類』と呼ばれることもあります。

概要 六国史の他に日記も参照

扱われている時代の範囲は、神話の時代から後一条天皇の治世だった1036(長元（ちょうげん）９)年までです。ただし、神話の時代に関する記述は当初は存在せず、後世に挿入されたとも考えられています。

記述の大半は、六国史（りっこくし）と呼ばれる『日本書紀』、『続（しょく）日本紀』『日本後紀（こうき）』『続日本後紀』『日本文徳（もんとく）天皇実録』『日本三代実録』から抜粋し、短くしたものです。ですが、長岡京への遷都の責任者だった藤原種継（たねつぐ）が暗殺された事件など、政治的理由によって六国史からは削除されているいくつかの記述が

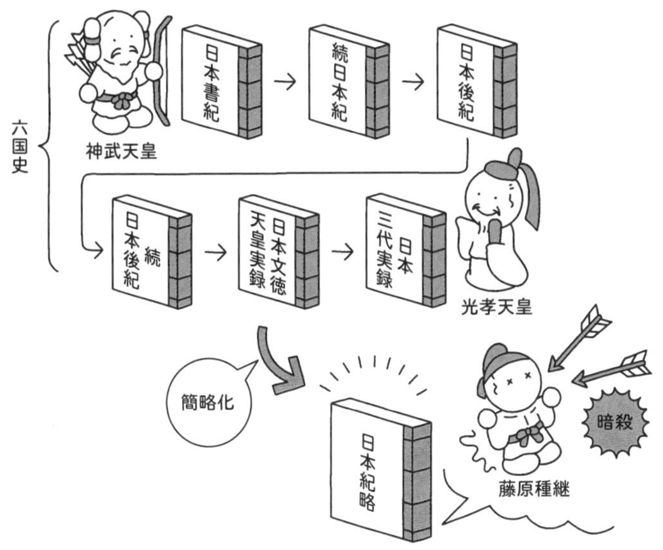

『日本紀略』には残されています。

影響 過渡期的な史書

六国史のあと、国家事業としての正史は書かれることはなく、貴族や官人、僧侶などの日記が史書の役割を果たすようになります。『日本紀略』はその間をつなぐ存在です。

伊藤先生のひと言メモ

そこまで知名度はないが、公的なものと私的なもののパイプ役、ファシリテーター的な働きをしている歴史書が『日本紀略』です。どうしても公的なものは理想・建前が前に出がちで、私的なものは現実・本音がダダ漏れすぎ……。意外とバランスが取れているのはこういう存在じゃないか、と。自分もそうありたいです。

偽りの歴史書①

「記紀」よりも古い史書!?

歴史書のなかには、ある時代まで本物と考えられていましたが、のちに偽書と判明したものがあります。『先代旧事本紀』は、天地開闢から推古天皇までの歴史を記した史書です。序文には622年(聖徳太子が亡くなった年)に書かれたとあるため、室町時代ぐらいまでは、『古事記』『日本書紀』よりも古い、日本最古の歴史書と考えられていました。しかし、この序文は現在では後世に書かれた偽書とされています。この書物が実際に書かれたのは、平安時代初期というのが定説です。ただし、序文以外の内容におかしなところはないので、平安時代の史料としての価値はあります。

もっとトンデモな古代史関連の歴史書として、『竹内文書』と『東日流外三郡誌』が有名です。前者は、神武天皇以前に超古代文明が日本に存在したという内容で、1928(昭和3)年に宗教家の竹内巨麿という人物が家に代々伝わる文書として公開したものです。後者は、古代の東北においてヤマト王権から弾圧された人々の文明が存在したという内容で、1970年代に古物商の和田喜八郎という人物が公開したものです。どちらも公開当初はその内容を信じる人が少なからずいましたが、現在は偽書であることが確実視されています。

Chapter 2

鎌倉時代から室町時代まで

平家物語
愚管抄
方丈記
新古今和歌集
元亨釈書
吾妻鏡（東鑑）
百錬抄
世界の記述（東方見聞録）
徒然草
建武記（建武年間記）
神皇正統記
太平記
梅松論
看聞御記（看聞日記）
善隣国宝記
菅浦文書
応仁記
節用集
大乗院寺社雑事記・大乗院日記目録

平家物語

へいけものがたり

武家の名門の争いを描いた軍記物語の最高傑作

作 不詳	年 鎌倉時代
数 12巻	分 軍記物語(軍記物)

概要 日本人に愛される「滅びの美学」

日本の古典文学を代表する傑作の一つ『**平家物語**』は、平清盛の父である忠盛(ただもり)の時代から、壇(だん)の浦(うら)の戦いで伊勢平氏が滅びる1185(寿永(じゅえい)4／元暦(げんりゃく)2)年までの争乱を描いた戦記、すなわち軍記物語(軍記物)です。

現代では、「源平合戦(治承(じしょう)・寿永(じゅえい)の乱)」を扱ったドラマや映画の原作となることも少なくありませんが、源義仲(よしなか)(木曽(きそ)義仲)や源義経らの勇猛な武者が活躍するのは本書の後半からであり、前半は清盛やその嫡子(ちゃくし)の重盛(しげもり)を中心とする朝廷内の人間模様に焦点が当てられています。

隆盛を極めた平家一門が衰退していく過程に見られる「滅びの美学」は、今日に至るまで日本人を魅了し続けています。

背景 旅芸人の琵琶法師たちが語り継ぐ

遅くとも鎌倉時代の13世紀中ごろまでには成立していたと考えられていますが、作者についてははっきりしていません。

兼好法師は『徒然草』のなかで「信濃前司行長なる人物が平家物語の作者であり、生仏という盲目の僧に教えて語り手にした」と書いており、これが最も有力な説となっています。

続けて『徒然草』では、「生仏の語り口を今の琵琶法師がまねた」としています。その真偽は定かではありませんが、琵琶の演奏を生業とする琵琶法師たちは全国をめぐる旅芸人でもあり、『平家物語』は彼らの独特な語り口調によって、全国へと広まっていきました。

注目 根底に流れるのは仏教の無常観

「祇園精舎の鐘の声、諸行無常の響きあり。沙羅双樹の花の色、盛者必衰の理をあらはす。おごれる人も久しからず、ただ春の夜の夢のごとし。たけき者も遂にはほろびぬ、ひとへに風の前の塵に同じ」

『平家物語』冒頭のこの一節を、学校の国語の授業で暗記した人は多いのではないでしょうか。「諸行無常」も「盛者必衰」も仏教用語であり、「祇園精舎」もインドに実在した寺院を意味しています。仏教思想を背景にした無常観や、おごる者は必ず滅びるという因果律は、本書の根底に流れるテーマといえるでしょう。

その一方で同書には五経（『詩経』『書経』『易経』『礼記』『春秋』）や『貞観政要』といった古代中国の書物も引用されており、儒教思想も随所で反映されています。それが最も色濃く表れているのは平重盛の描写であり、主君である後白河上皇（法皇）への「忠」と、父である清盛に対する「孝」の板挟みとなった重盛は心身をすり減らし、間もなく病死しました。

『平家物語』では、儒教思想にもとづく道徳倫理の持ち主であった重盛が良識派として描かれる一方で、清盛は傍若無人な悪役にされています。重盛は清盛を諫めることのできた唯一の人物であり、その死を契機に平家一門は滅亡への道を歩み始めるのです。

そして物語の後半からは軍記物語らしく、源義仲（木曽義仲）や源義経といった人物が登場し、活躍します。なかでも一ノ谷の戦いにおける義経の「鵯越の逆落とし」は、作中屈指の名場面として知られています。

しかし、一次史料である九条兼実の日記『玉葉』には逆落としに関する記述が一切なく、実際にはなかったとする説があります。逆落としに限らず、『平家物語』には誇張や虚飾が少なからずあり、史料として用いる際には注意が必要です。

ただし、こうした誇張が本書の物語性を高めたといえなくもありません。義経は神がかり的な采配で、屋島の戦い、壇の浦の戦いと連勝を重ねましたが、その後に待っていたのは、平家同様の転落人生でした。兄・頼朝との決別や自身への追討令の発布はまさに「盛者必衰」を表しており、『平家物語』は最後まで無常観に満ちた作品となっているのです。

影響 内容も分量も大きく異なる諸本

日本における著名な古典文学の一つである『平家物語』は、後世において無数の諸本を生みました。それらは主に「語り本」と「読み本」の２系統に大別されています。

語り本は琵琶法師たちが語る際の台本であり、一部を除いて12巻で構成されています。なかでも南北朝時代の1371（応永４）年、琵琶法師の明石覚一が弟子たちにつくらせた『覚一本』は、今日最も広く普及している諸本です。

一方の読み本は、文字どおり読まれることを想定しており、頼朝ら東国武士の動向にも詳しく触れている点が特徴です。そのため文字数も語り本に比べて多く、この系統の代表格である『源平盛衰記』は48巻で構成されています。

諸本以外にも『平家物語』に影響された作品は多く、同じ軍記物語では『曾我物語』『太平記』『義経記』が構成などの面で『平家物語』の影響を受けていると見られています。

また、同書に記される個別のエピソードは能や歌舞伎、人形浄瑠璃（現在の文楽）などにも取り入れられており、とくに能では同書をもとにした演目が80以上もあります。

伊藤先生のひと言メモ

壇の浦の戦いでは、名台詞が連発されます。「見るべき程の事は見つ」（平知盛）、「浪の下にも都の候ぞ」（7歳の孫、安徳天皇を抱き入水する平時子〔二位尼〕）はとくに有名です。他にも、平経正が源義仲追討の副将軍として北陸道へ下る途中、琵琶湖に浮かぶ竹生島の都久夫須麻神社拝殿で琵琶を奏でた優美なシーンも最高。

愚管抄

ぐかんしょう

道理の概念を用いて
政権の移り変わりをつづった記録

作 慈円	年 鎌倉時代前期
数 7巻	分 歴史書

概要 作者は天台座主の慈円

『**愚管抄**』は、関白・九条兼実の弟である天台座主(比叡山延暦寺の天台宗山門派最高指導者)の**慈円**(慈鎮)によって書かれた歴史書です。

全7巻の構成となっており、1〜2巻では初代・神武天皇から第84代・順徳天皇までの事績を、3〜6巻ではその治世で起こった出来事を記述し、7巻では「**道理**(物事の正しい筋道)」という概念を用いて歴史の移り変わりを説明しています。書名の愚管は「愚かな管見(意見)」という意味です。

背景 平安末期は日本史上の一大転機

慈円は1155(久寿2)年、関白・藤原忠通の十一男として生まれました。父をはじめ、兄の基実(近衛家の祖)、兼実(九条家の祖)ら兄弟の多くが摂政や関白、太政大臣や左大臣で、摂関家一族である慈円の『愚管抄』は、朝廷・公家の側から書かれた歴史書と見ることができます。

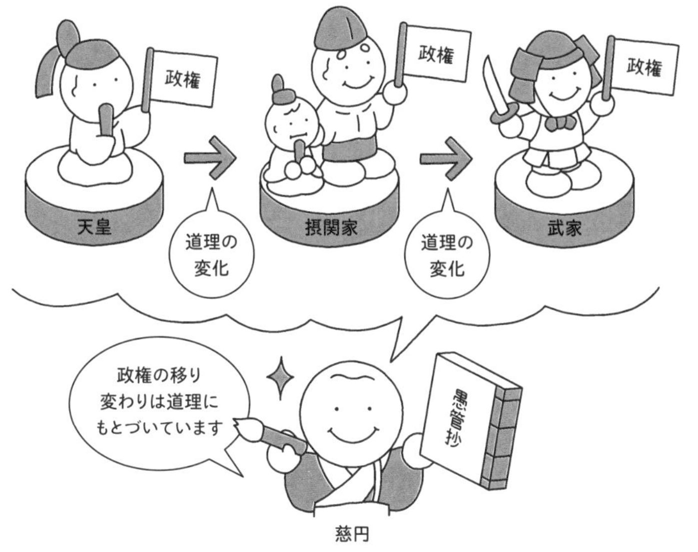

慈円が生まれた翌年の1156（保元元）年、京都で父の忠通が主役の一人となった**保元の乱**が起こっています。この争乱は、皇室（後白河天皇・崇徳上皇）と摂関家（藤原忠通・藤原頼長）それぞれの内部対立が原因で起こり、一族同士が敵味方に分かれ、皇室は桓武平氏、摂関家は清和源氏の武士をそれぞれ使って争いました。その結果、「後白河天皇＋藤原忠通」陣営が勝利したのですが、この合戦を契機に、武家の力が朝廷内に必要不可欠と認識されるようになりました。

３年後、1159（平治元）年の平治の乱で源義朝を退けた平清盛は、後白河院政の重臣としての地位を固め、1167（仁安２）年には太政大臣となり、朝廷の実権も握ることになります。その後は源平合戦を経て、源頼朝による日本初の本格的な武家政権である鎌倉幕府が誕生しました。

慈円は一連の争乱の当事者ではありませんが、歴史上の大変革を、かなり近い場所から見ていた人物といえるでしょう。

注目 道理にかなっていた武家政権の誕生

慈円の歴史認識は、次の二つの思想にもとづいています。一つは**仏教の「末法思想」**です。この思想では、釈迦(ブッダ)が死んだ(＝入滅)あとの世界を３段階に分けてとらえています。

釈迦の教えが正しく伝わり、修行によって悟りを開こうとする人がいて、その証しも得られる1000年間が「正法」です。

そして釈迦の教えが伝わり、修行の実践はあっても、悟りが得られない1001年目から2000年目までの1000年間が「像法」で、2001年目からの10000年間が釈迦の教え以外何もない「末法」です。日本では、1052(永承７)年が末法突入の年と考えられていました。戦乱・疫病などが続く平安時代末期は、まさに末法と呼べる時代だったのです。

慈円のもう一つの思想的根拠は、**神道の「祖神冥助」**(冥助は「目に見えない助け」の意味)という考え方です。皇室の祖先は伊勢神宮の内宮に祀られる天照大御神であり、慈円を輩出した藤原氏の祖先は春日神社に祀られる天児屋命(春日大明神)です。とくに藤原氏では、中大兄皇子(天智天皇)と中臣鎌足(藤原鎌足)に象徴される両家が関わった過去の出来事は、２柱の神が話し合った結果だと考えられていました。

この二つの思想を根拠に、慈円は「道理」という概念を用いて、これまでの歴史の移り変わりを説明しています。

慈円の考える道理はつねに一定ではなく、時代によって変化するところに特色があり、それは仏教的無常観(＝常では無い)に支えられています。したがって『愚管抄』では、悲観すべき出来事であっても「それは道理が変わったから起こった」と肯定しています。

ただし、慈円の道理は際限なく用いられるわけではありません。一つの道理は、より大きな道理にもとづいており、その大きな道理の規範となるのが神の冥助なのです。

慈円は天皇・摂関家に代わり、平氏や源氏という武家が政権を握ったことを肯定しています。鎌倉幕府は源頼朝の嫡流が３代で途絶えたのちは摂関家(藤原氏)、慈円の死後には皇族(親王)からも将軍を迎えますが、これは天照大御神と天児屋命に、源氏の氏神である八幡神を加えた３者の話し合いの結果であり、幕府の治世は道理にかなっているというわけです。

それならば、1221(承久３)年、幕府との戦いである「承久の乱」を起こした**後鳥羽上皇**は、この道理に反していることになります。一説に**『愚管抄』は、挙兵を思い留まらせるために、後鳥羽上皇に献上することを意図して乱の前年ごろに書かれたとされています。**そして、乱後に「やはり自分の考えは正しかった」と、その確信をもとにさらに補足修正を加えたようです。

影響 中世日本の最重要書の一つ

『愚管抄』は、北畠親房の『神皇正統記』や、新井白石の『読史余論』(192ページ)に大きな影響を与えたと考えられており、現在では『神皇正統記』とともに、中世日本の最も重要な歴史書に位置づけられています。

伊藤先生のひと言メモ

保元の乱以降「武者ノ世」となったと判断するなど、平安末期～鎌倉前期の超重要史料。末法思想が全編を貫く日本最古の歴史哲学書で、歴史を「道理」の展開ととらえ、プライドを刺激しないように後鳥羽上皇の倒幕計画を諫めようとしています。鎌倉幕府の４代・５代将軍を輩出した、公武の架け橋、九条家ならではの苦労……。

方丈記

ほうじょうき

世俗を離れて書かれた
隠棲文学の元祖

作 鴨長明	年 1212(建暦2)年
数 不明	分 随筆

3m四方の庵で書かれる

鴨長明は平安時代末期の1155(久寿2)年に、京の賀茂御祖神社(下鴨神社)神職の二男として生まれました。やがて、自身も神職の地位を得ようとしますが、親族の妨害にあって挫折し、後鳥羽上皇のとりなしにもかかわらず49歳で出家してしまいます。

その後、東山や大原に隠棲して数年を過ごし、56歳の1211(建暦元)年、日野山(京都市伏見区)に小さな庵を結び、隠棲するようになります。

その隠棲の日々のなかで、当時の世間を眺めて書き記した記録が『**方丈記**』です。題名にある「方丈」とは、一丈(約3m)四方という意味で、長明がそのような狭い庵で暮らしながら、この随筆をつづったことを示しています。

全体の分量は400字詰め原稿用紙換算で20枚少々です。これは、古典文学としては、かなり短いものです。

成立時期は、文末に「時に建暦の二とせ、彌生の晦日比、

桑門蓮胤、外山の庵にしてこれをしるす」とあるため、1212（建暦２）年に成立したと考えられています。そして、４年後の61歳で亡くなっています。

概要 平安時代末期の災害記録

『方丈記』に記されているのは、当時起こった数々の災害や、平清盛による1180（治承４）年の福原京への遷都（反対が多く５カ月後に平安京へ還都）などの政治的な大きな出来事と、隠棲生活における日々の心情です。それらが、漢字と仮名の混ざった和漢混淆文で記述されています。

なかでも、火災や自然災害、飢饉などの記述は生々しく詳細です。そのため、1177（安元３）年に京都で起こった「安元の大火」や、1180（治承４）年に同じく京都で起こった「治承の竜巻」、養和年間（1181～82年）の２年間にわたって発生し、西日本を中心に全国で多くの死者を出した「**養和の飢饉**」、

1185（元暦２）年に京都を中心に甚大な被害をもたらした「元暦の地震」などについての記録は、当時の状況を知るうえで貴重な記録となっています。

元暦の地震に関し、『方丈記』のなかでは、「そのさま世の常ならず。山くづれて川を埋み、海かたぶきて陸をひたせり」と記されています。ここでいう「海」は当時一般的に海と称されていた琵琶湖のことではなく、実際に海からの津波が京都を襲ったとも考えられています。

その他にも、『方丈記』には鴨長明の人生訓も記されています。長明は、体を動かし、よく歩いて健康的になることや、衣服や食事などは粗末でいいことなどを勧めています。

注目 「無常観」に貫かれている

この随筆の全体を貫いている心情は「**無常観**」です。そのため、『方丈記』は「無常観の文学」とも呼ばれています。

「無常観」とは、世の中すべてのことはつねに移り変わっていて、いつまでも同じものは無いという仏教思想のことです。

平安時代後期の1052（永承７）年以降は、仏教が廃れ、社会が荒廃する末法の世と多くの人に信じられていました。これを「末法思想」といいます。そのため、当時の人々は貴族も庶民も無常観を抱くようになっていました。

さらに、長明自身の不遇な前半生や、保元の乱や平治の乱によって貴族（公家）が衰退する一方、武士（武家）勢力が台頭して鎌倉幕府が誕生する乱世であったという時代背景が、より『方丈記』の無常観を色濃くしたと考えられています。

有名な冒頭の一文「**ゆく河の流れは絶えずして、しかももとの水にあらず**。淀みに浮かぶうたかたは、かつ消えかつ結びて、久しくとどまりたるためしなし。世の中にある人とすみかと、またかくの如し」は、「川の流れは絶え間ないが、その水はもとの水ではない。水面に浮かぶ泡は消えては生じ、長くとどまっているというためしはない。世の中の人と住まいも、これと同じなのだ」という意味です。まさに人生や世の中のはかなさをつづった、無常観そのものといえます。

影響 東日本大震災で改めて注目

『方丈記』は、日本の代表的な随筆であり、清少納言の『枕草子』と吉田兼好(けんこう)の『徒然草』と並んで、「(古典)**日本三大随筆**」の一つに数えられています。

さまざまな写本が残されており、現存する最古の写本は京都の大福光寺(だいふくこう)が所蔵する大福光寺本です。これを鴨長明の自筆本とする説と、自筆ではないとする説があります。そのほか、前田家本、一条兼良(いちじょうかねよし)本、嵯峨(さが)本などの写本があり、それぞれ微妙に内容や記述が違っています。さらに、略本と呼ばれるものも流布しており、こちらには長明が体験した災害に関する記述がありません。

時代を超えて多くの人々に読まれてきた『方丈記』は、現代でもとくに2011年の東日本大震災で改めて注目を集めました。これは、『方丈記』の災害記録としての側面と、長明の抱いていた無常観が多くの人々の共感を得たためでしょう。

伊藤先生のひと言メモ

ミュージカル『キャッツ』を観劇中に「忘れてはいけない。猫は犬にあらず」と聞いた時、ふと『方丈記』の冒頭がリフレインしてしまったのは職業病……。それはさておき、意外な短さの作品。失意の果ての隠遁(いんとん)中だからダラダラ書きそうなものですが、書くべきと思ったことだけに絞ったからこそ、名作なんですよね。

新古今和歌集

しんこきんわかしゅう

八代集の最後を飾る
後鳥羽上皇の勅撰和歌集

作 藤原定家、藤原家隆、源通具、六条有家、飛鳥井雅経、寂蓮	年 1205(元久２)年
数 20巻	分 歌集

後鳥羽上皇が生涯をかけた和歌集

平安時代末期、宮中の歌壇では藤原氏のうち六条家と御子左家という二つの家が中心となって勢力を競っていました。しかし、六条家の藤原清輔が死去すると、御子左家の藤原俊成の影響力が強くなり、『古今和歌集』から数えて７番目の勅撰和歌集『千載和歌集』が編纂されます。

『**新古今和歌集**』は、俊成の子の**藤原定家**が中心となって鎌倉時代初期に編纂された勅撰和歌集です。編纂を命じたのは、1198(建久９)年に譲位して上皇となった後鳥羽上皇でした。

後鳥羽上皇が選んだ編纂者は、定家の他に**藤原家隆**、源通具、六条有家、飛鳥井雅経、寂蓮の計６人です。ただし、寂蓮は編纂作業中に死去したため、実際の作業は残りの５人で行われたと考えられています。また、後鳥羽上皇はこの歌集の制作にかなり力を入れており、上皇の御所に編纂所である「和歌所」が置かれ、自身も歌の選定に参加しました。

1205(元久２)年に、『新古今和歌集』はひとまず完成しま

した。ただ、その後も10年以上にわたって改訂作業が続き、完全に完成したのは1216(建保(けんぽう)4)年のこととされています。

なお、後鳥羽上皇は、子の順徳上皇らとともに**1221(承久3)**年に鎌倉幕府を倒そうと、承久の乱を起こしますが失敗に終わり、**隠岐国(おき)**(現在の島根県隠岐諸島)に流されてしまいます。その配流先の隠岐で、上皇は『新古今和歌集』の改訂を続けました。これは「隠岐本」と呼ばれています。

概要 西行、定家、寂蓮の「三夕の和歌」

全体の構成は、まず真名序(まなじょ)と仮名序の序文が置かれ、続いて、季節の歌、恋の歌などテーマ別に歌がまとめられています。編纂方針は、『万葉集』および、過去の勅撰和歌集に入らなかった歌から選ぶというものでした。それにもとづき、396人の歌人の約2000首の歌が収められています。

最も多く収められているのは、平安時代末期から鎌倉時代初期にかけての僧侶で、歌人でもあった**西行**の詠んだ歌で、94首収められています。当時、西行の歌は後鳥羽上皇をはじめ多くの人々から愛されていました。

本歌集に収められている西行の作品で有名なのは、「心なき　身にもあはれは　知られけり　しぎ立つ沢の　秋の夕暮れ」でしょう。この歌は、『新古今和歌集』に収められた歌のなかで「秋の夕暮れ」を結びの語とした3首の名歌、「三夕の和歌」の一つにも数えられています。三夕の和歌の残りは、藤原定家の「見渡せば　花も紅葉も　なかりけり　浦の苫屋の　秋の夕暮れ」と、寂蓮の「さびしさは　その色としも　なかりけり　槇立つ山の　秋の夕暮れ」です。

その他では、式子内親王の「花は散り　その色となく　ながむれば　むなしき空に　春雨ぞ降る」や、後鳥羽上皇の「忘らるる　身を知る袖の　村雨に　つれなく　山の月は出でけり」なども有名な歌です。

注目　八代集の最後の一つとなる

10世紀初頭に編纂された『**古今和歌集**』を皮切りに、それ以後に編纂された**『後撰和歌集』『拾遺和歌集』『後拾遺和歌集』『金葉和歌集』『詞花和歌集』『千載和歌集』**と、さらに『**新古今和歌集**』の**８つの勅撰和歌集**を総称して、**八代集**といいます。そしてこの『新古今和歌集』は、それまでの七歌集を集大成するという意味も込められて編纂されたものと考えられています。

『新古今和歌集』に収められている歌は、全体的に**唯美的**、**幻想・象徴的**で、かつ**技巧的**なところが特徴です。このような歌風は、「**新古今調**」とも呼ばれています。「新古今調」は、『万葉集』の「万葉調」、『古今和歌集』の「古今調」と並んで、三大歌風の一つにも数えられています。

影響 現代短歌にも影響を与える

『古今和歌集』に代表される平安時代の宮中文化の伝統を受け継ぎつつ、**独自の美的世界を表現**した「新古今調」は、後世の和歌だけではなく、連歌や俳諧、謡曲などにも大きな影響をおよぼしました。

ただし、近代以降は、その評価は大きく分かれます。明治時代の歌人・俳人で、根岸短歌会を主催して短歌革新運動を推進した正岡子規は、歌論『歌よみに与ふる書』のなかで、『古今和歌集』を技巧的すぎる「くだらぬ集」と罵倒しています。『新古今和歌集』も『古今和歌集』と比べれば多少ましだが、よい歌は少ないと批判し、率直で写生的な『万葉集』を高く評価しました。

一方、明治から昭和にかけて活躍した歌人・詩人の北原白秋は『新古今和歌集』を高く評価し、収められている和歌について「日本短歌最上の象徴芸術」であり、「日本詩歌の本流」と賛美しています。

『新古今和歌集』は現代でも、昭和後期から平成にかけての歌人・塚本邦雄をはじめ、前衛的な歌人に大きな影響を与えています。

伊藤先生のひと言メモ

文中に出てくる藤原清輔、藤原俊成、藤原家隆、西行、寂蓮、式子内親王、後鳥羽上皇、順徳上皇の歌は、藤原定家が小倉百人一首に採用しています（もちろん本人のも）。また、『万葉集』好きの正岡子規はそこまで言わなくても、と思いますが、そのぐらい『古今』や『新古今』は八代集の最初と最後として影響が強かったのでしょう。

元亨釈書

げんこうしゃくしょ

鎌倉時代に成立した
日本で最初の仏教通史

作 虎関師錬	年 1322（元亨２）年
数 30巻	分 歴史書

背景 来日した高僧の指摘が契機に

臨済宗の僧侶であった**虎関師錬**が、６世紀に日本に仏教が伝わってから**鎌倉時代後期**までの約700年間の日本の仏教の歴史を書き記したものが、『**元亨釈書**』です。このような書物は、それまで日本には存在していませんでした。つまり、本書は**日本初の仏教通史**ということになります。

虎関師錬は、中国の元王朝から来日した高僧の**一山一寧**から、中国の仏教史には詳しいのに日本の仏教史を知らないことを指摘され、発奮して本書を記したとされています。

概要 「伝」「表」「志」の三部構成

全30巻で、全体は「伝」「表」「志」の三つのパートに分かれています。第１巻から第19巻までの「伝」は僧侶の伝記で、約400人の僧侶が紹介されています。第20巻から第26巻までの「表」は日本の仏教史で、編年体によって記されています。第27巻から第30巻までの「志」は、仏教文化誌です。

影響 数多くの注釈書が書かれる

『元亨釈書』は完成後の1322（元亨２）年、朝廷に献上されました。「釈書」とは、「釈迦（しゃか）の書物」という意味です。江戸時代に書かれた『元亨釈書和解（わげ）』など、その後、注釈書も数多く書かれました。

伊藤先生のひと言メモ

鎌倉の建長寺にいた一山一寧を訪れた際、日本の仏教について聞かれ、満足に答えられなかったことを契機に、京都にもどって書いた、という執筆エピソードに好感がもてます。テストで「股間試練」という失礼な珍解答を見たことがありますが、そのような連想記憶術で暗記したんでしょうね。私も男子校でそう習いました……。

吾妻鏡(東鑑)

あづまかがみ(あづまかがみ)

執権・北条氏がつくった鎌倉幕府公式の記録

作 不詳	年 鎌倉時代後期
数 52巻	分 歴史書

概要 鎌倉幕府に関する出来事のみ記述

鎌倉時代に成立した『**吾妻鏡(東鑑)**』は、**武家がつくった初めての歴史書**です。作者は不詳ですが、三善(みよし)氏や二階堂氏など**鎌倉幕府**に属する文官たちが共同で編纂(へんさん)したと考えられています。

以仁王(もちひと)が平氏追討の令旨(りょうじ)を出した1180(治承(じしょう)4)年を叙述の起点とし、鎌倉幕府6代将軍の宗尊(むねたか)親王が鎌倉を追われて京都にもどる1266(文永(ぶんえい)3)年までの、87年間の出来事がつづられています。

記載されているのは幕府に関係する出来事のみで、京都の情勢などはほとんど触れられていません。したがって本書は、平安時代末期〜鎌倉時代の歴史書というよりは、**鎌倉幕府の歴史書**というのが適切かもしれません。

原本が早い段階で散逸(さんいつ)したため、本来の巻数はわかっていませんが、現在では『国史大系』に収録されている全52巻(45巻は欠落)の北条本が底本になっています。

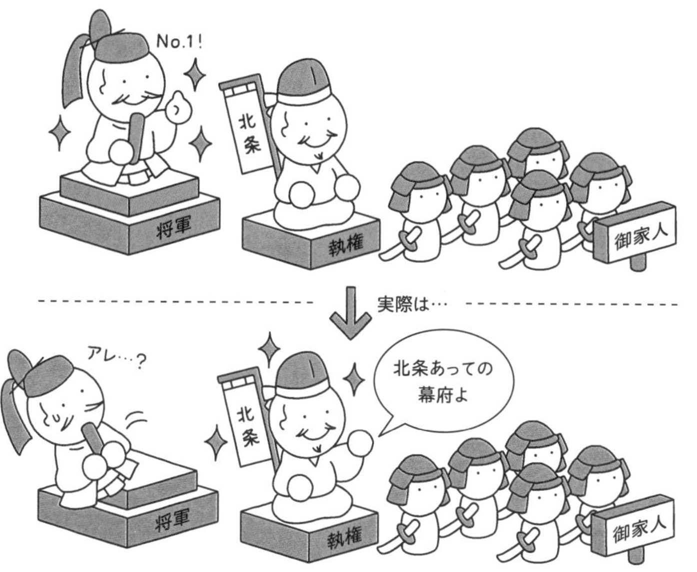

背景 幕府の制度・法律を後世に伝える

本書は公家や寺社の日記など過去の文献をふんだんに引用し、作者の地の文とともに**日記の体裁**でつづられています（ということは編年体）。参考文献の成立年が多岐にわたるため、文体も変化に富み、本書に見られる和風変体**漢文**は「吾妻鏡体」と呼ばれます。

当時の日記は、現代のように書いた本人だけが読むものではなく、家の歴史を子孫に伝える目的がありました。とくに公家は、朝廷の制度や官職、行事、儀式といった「有職故実（ゆうそくこじつ）」を後世に伝える役目を担っています。日記には、それらの運用に関する実例集という意味もありました。

日本初の本格的武家政権である**鎌倉幕府も、武家としての制度運用の実例を後世に残しておく必要があり、それが『吾妻鏡』の編纂につながった**と考えられます。

注目 隠蔽された北条氏の“黒歴史”

加えて、**北条氏による執権政治の正当化**も編纂理由の一つといえます。本書では源頼朝・頼家・実朝の源氏三代は低く評価され、外戚にあたる北条氏の事績は顕彰されています。

事実と異なる曲筆も数多く、とくに有名なのが源頼家の最期に関する記述です。源頼朝と北条政子の間に生まれた長男の頼家は２代将軍であり、妻の父は有力御家人の比企能員です。頼家と妻には一幡という息子もいました。『吾妻鏡』によれば、比企能員は娘婿である将軍に讒言して頼家の祖父・北条時政（政子の父）の排除を計り、それを知った時政によって、1203（建仁３）年９月２日に一族もろとも滅ぼされました（＝比企氏の乱）。この時、一幡も事件に巻き込まれて焼死したと伝えています。事件後、頼家は弟の千幡（＝実朝）に家督を譲って出家し、1204（建仁４）年７月18日に修禅寺で死去しました。『吾妻鏡』は頼家の死を「昨日十八日に左金吾入道さま御歳二十三で伊豆の国修禅寺にて薨去なされしこと申すと言う」と簡潔につづっています。

一方、当時の公家や僧侶が遺した文献は、『吾妻鏡』とは異なる事件の顛末を伝えています。近衛家実の『猪隈関白記』や藤原定家の『明月記』によれば、頼家が死んだのは建仁４年７月18日ではなく、建仁３年９月１日、つまり比企一族が滅ぼされた前日です。

慈円の『愚管抄』は事件の背景に触れており、能員が新将軍の外戚（母方の祖父）になることを怖れた時政の陰謀であるとしています。さらに『愚管抄』は頼家が死んだ状況も詳述しています。死亡日こそ『吾妻鏡』と同じ建仁４年７月18日ですが、「風呂に入っていた頼家を切りつけたが討ち果たせず、睾丸を握るなどして殺した」と、凄惨な様子をつづっています。

こうした北条氏の横暴かつ苛烈な振る舞いが、『吾妻鏡』ではことごとく隠蔽されているのです。

影響 徳川家康も『吾妻鏡』を愛読

曲筆の多い『吾妻鏡』は史料として用いる際に慎重さが求められますが、鎌倉幕府の制度設計やさまざまな法の運用実例が記されているという点で非常に貴重であり、**今日に至るまで武家社会を研究する際の必須の史料**となっています。

「『吾妻鏡』に載っているからといって、それを軽々しく信じることはできない。けれども『吾妻鏡』に記載してある時代は、その記録を頼りにおおよその見当をつけることができる。しかし『吾妻鏡』から離れた時代になると、何を頼りに研究したらいいか、雲をつかむような気がする」

これは明治・大正期の歴史学者・原勝郎の言葉で、当時の研究者にとって本書がいかに貴重であったかがわかります。

『吾妻鏡』を重宝したのは近現代の研究者だけではありません。江戸幕府を創設した徳川家康も本書を愛読していたと伝わります。鎌倉幕府には御家人の他に、源氏一門を意味する「御門葉」という家臣の区分がありました。家康はこれを参考に「御三家」を設けたとされています。

伊藤先生のひと言メモ

公家の四鏡（大鏡・今鏡・水鏡・増鏡）に対する、武家の吾妻鏡（東鑑）。鎌倉幕府は執権・北条氏が牛耳ったわけですから、自らの立場を擁護することは普通です。すでに源氏将軍の外戚だった北条時政が、新たな勢力の比企氏を排除するため、自らの孫（頼家）やひ孫（一幡）を殺害したのは確かに恐ろしい話ですが……。

百鍊抄

ひゃくれんしょう

貴族の日記の抜粋で編まれた平安中期～鎌倉中期の史書

作 不詳	年 13世紀後半
数 17巻	分 歴史書

書名は唐の詩人の作品から

『百錬抄』は、貴族の日記などの抜粋によって編まれた歴史書です。現存する書物で扱われている時代範囲は、平安時代中期の968(安和(あんわ)元)年から鎌倉時代中期の1259(正元(しょうげん)元)年までです。

作者は不詳なものの、名門貴族の手によるものというのが定説です。書名の『百錬抄』は、中国の唐(とう)代の詩人である白居易(はくきょい)の作品に登場する「百練鏡(ひゃくれんきょう)」に由来するとされています。

概要 1～3巻は残っていない

全17巻のうち、第1巻から第3巻は散逸(さんいつ)し、現存しません。第7巻の途中までは、平安時代後期の貴族で、出家したのちは鳥羽上皇や後白河上皇の院近臣(いんのきんしん)でもあった藤原通憲(みちのり)(信西(しんぜい))が書いた歴史書『本朝世紀』からの抜粋がもとになっています。それ以降は、貴族である平親範(ちかのり)や吉田経房(よしだつねふさ)とその子孫の日記からの抜粋が中心です。

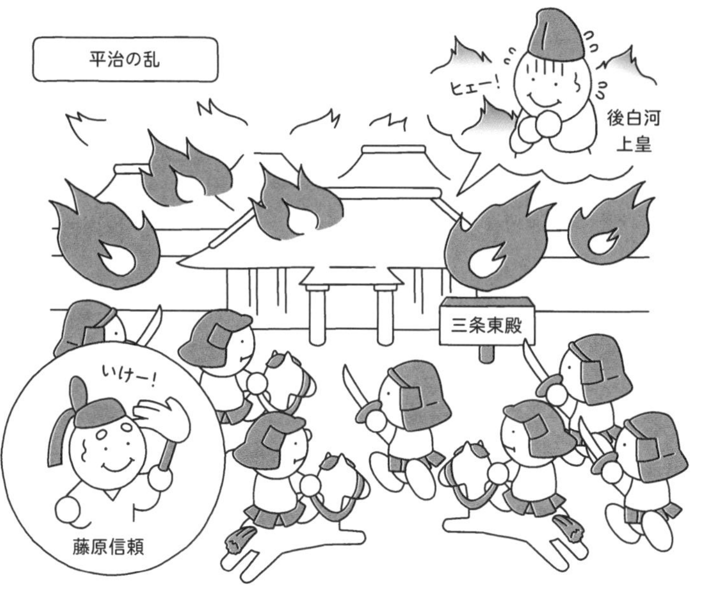

影響 『吾妻鏡』とは対照的な歴史書

貴族の視点で書かれた『百錬抄』は、同時代の史書である『吾妻鏡（あづまかがみ）』が武家の視点で書かれているのとは対照的です。当時の京都の世相がわかる史料としても読まれ、江戸時代後期には国学者の塙保己一（はなわほきいち）が校訂を加えたものが刊行されました。

伊藤先生のひと言メモ

承久の乱に勝利した幕府・武家の『吾妻鏡』を仮に正（テーゼ）とすると、朝廷・公家の反（アンチテーゼ）が『百錬抄』でしょうか。歴史の学びは、ある出来事に対し複数の文献史料や考古資料を突き合わせて止揚（しよう）（アウフヘーベン）し合（ジンテーゼ）を導く、という弁証法的な雰囲気があります。そしてまた新たな史料・資料が現れ……。

世界の記述（東方見聞録）

せかいのきじゅつ（とうほうけんぶんろく）

日本に危機をもたらした!?
マルコ・ポーロの問題作

作 マルコ・ポーロ	年 1298（永仁6）年
数 234章	分 紀行

概要 マルコの口述をもとに小説家が執筆

日本を「**黄金の国ジパング**」としてヨーロッパに紹介したヴェネツィア商人**マルコ・ポーロ**。『**世界の記述（東方見聞録）**』は、マルコの口述を小説家のルスティケッロ・ダ・ピサが記録した旅行記です。２人は現在でいうイタリア人ですが、本書はフランス語で書かれました。

聞き慣れた『東方見聞録』という書名は、日本語に翻訳した際につけられたものであり、海外では『世界の記述』（La Description du Monde）の書名で知られています。

マルコは1271年から1295年にかけて、中東、中国、インド、東南アジアなどを旅しました。当時の中国は、その大半をモンゴル民族の王朝である元（げん）が支配していました。モンゴル帝国第５代皇帝であるとともに、元の初代皇帝（世祖（せいそ））でもあった**フビライ**がマルコの語るジパングに興味をもったことが、鎌倉時代の二度にわたる蒙古襲来（もうこしゅうらい）（元寇（げんこう））につながったとされています。

 背景 17年にわたりフビライに仕える

マルコ・ポーロは、1254年にヴェネツィア共和国(現在のイタリア北東部)で生まれたと伝わります。父のニッコロは貿易商人であり、1260年に始まる旅では、モンゴル帝国の皇帝フビライに謁見しています。その際にローマ教皇へ宛てた手紙を預かっており、二度目の旅は教皇からの返事をフビライに届けることが目的でした。

1271年、ニッコロと弟のマッテオは17歳のマルコを連れてヴェネツィアを発ち、約3年半の歳月をかけて元の都・大都(現在の北京)に到着しました。

フビライに気に入られたマルコは、以降17年にわたって元王朝に仕え、外交使節として中国各地に赴きます。ただし、日本には訪れていません。ジパングという言葉は、当時の中国南部では「日本国」を「ジーペングオ」と発音していたことに由来すると見られており、「黄金の国」は中国人から聞いた噂話がもとになっています。

1295年、24年ぶりに帰国したマルコは、その後も商人として活動していましたが、ピサとジェノヴァの間で戦争になった際に**ジェノヴァの捕虜**となり、獄中でルスティケッロと出会います。マルコが語る旅の話をルスティケッロが書きつづり、『世界の記述』は1298年に完成しました。

注目 日本に関する記述は偽りだらけ

原本に最も近いとされる写本は全234章あり、日本は３章にわたり記述されています。

「ジパングは東の海にある島で、大陸から1500マイル離れている。この島は莫大な量の金を産出し、住人も大量の金を持っている。大陸から離れているため、これまでに持ち出そうとする商人はいなかった。この国には、純金で覆われた非常に大きな宮殿がある。床も部屋も純金の板でできており、その厚さは指２本分もある」

先述したように、この話は中国人から得た情報がもとになっています。日本が「黄金の国」とされた理由は定かではありませんが、当時の東北地方には金鉱山があり、「黄金の宮殿」は平泉（ひらいずみ）（現在の岩手県平泉町）の中尊寺金色堂とする説があります。

いずれにせよ、この話を信じたフビライにより蒙古襲来（元寇）は引き起こされ、『世界の記述』にもその様子が記されています。ただし、蒙古襲来は文永の役（えき）（1274年）と弘安の役（1281年）の二度であるにもかかわらず、本書では一度しか記されていません。発生年も日本側の文献とは異なるため、どちらを指すのかは不明ですが、「兵が孤島に置き去りにされた」などの記述から、弘安の役と見られています。

続けて『世界の記述』では、置き去りにされた３万の元軍は日本の本土に上陸し、都を制圧したとつづっています。いうまでもなく、そのような事実はありません。

影響 ヨーロッパ人の好奇心を刺激

そもそも、黄金の国の話を聞いてフビライが日本侵攻を企(くわだ)てたこと自体、疑わしいものがあります。というのも、日本側の文献ではフビライは1266年に朝貢を求める使者を日本に送っており、マルコと出会う以前から日本に興味をもっていたと見ることができるからです。

こうした記述以外にも、日本では人肉が食べられているといったことも書かれており、少なくとも日本に関しては信頼のおける史料とはいえません。

しかしながら、本書で紹介されたアジア各国のめずらしい文物や文化は**ヨーロッパ人の好奇心を刺激**しました。

15世紀末に活躍したジェノヴァ出身の探険家・航海者であるクリストファー・コロンブスも、本書を愛読していた１人で、所持していたラテン語版には無数の註釈が書き込まれていたと伝わります。本書がのちの**大航海時代に影響を与えた**ことは間違いないでしょう。

伊藤先生のひと言メモ

「日本人なら皆知ってるのに(学生や研究者含め)ほぼ誰もちゃんと読んだことがない」本の元祖？　歴史書や日記、哲学書や文学作品なら読まれるのにトンデモ本扱い。中国人の噂話をイタリア人商人が聞き、獄中で知りあった人にその場で話して筆録、というデタラメな状況からして何とも香ばしい……。「盛り盛り」必至！

徒然草

つれづれぐさ

成立から100年ほどの間
埋もれていた名随筆

作 兼好法師（卜部兼好・吉田兼好）？	年 14世紀前半
数 2巻	分 随筆

正確な作者や成立年代は不明

14世紀前半に**兼好法師**（卜部兼好・吉田兼好）が書いたとされる**随筆**が『**徒然草**』です。兼好は吉田神社の神職・卜部氏の子として1283（弘安６）年ごろに生まれたようです。一時期、後二条天皇の宮廷に官人として仕えていましたが、天皇の死を機に30歳ごろ出家して隠棲しました。その際の日々の心情をつづったものが、本書となります。

ただ、本当の兼好の生涯はよくわかっておらず、さらに『徒然草』の作者が本当に兼好なのかも、はっきりとはわかっていません。一説には、兼好の弟子と親交があった室町幕府の九州探題・今川貞世（了俊）が、兼好の没後、草庵に残っていた原稿を編纂したものともいわれています。ですが、それを証明するものは何も残されていないのです。

そもそも、『徒然草』が書かれてから100年ほど、その存在はほとんど誰にも知られていませんでした。同時代の文献には、『徒然草』についての言及がありません。その後、室町時

代中期に正徹（しょうてつ）という僧侶が関心をもち、自ら写本して兼好の作品として世に広めました。

このような事情のため、成立年代も正確にはわかっていません。鎌倉時代末期の1330（元徳（げんとく）２）年から翌年にかけてまとめられたというのが定説ですが、室町時代前期（南北朝時代）の1349（正平（しょうへい）４／貞和（じょうわ）５）年ごろにまとめられたという説もあります。

概要　人生論、友情、恋愛、仏教、自然

『徒然草』は上下２巻に分かれ、全体は243段で構成されています。各段は、数行で終わる短いものから、比較的長いものまであります。そのなかで、人生論や友人関係、恋愛、旅、仏道修行、自然など、さまざまなテーマについての作者の思想や心情が、和漢混淆文と仮名文字中心の和文を交えながらつづられています。

題名の『徒然草』というのは、有名な序文「**つれづれなるまゝに、日暮らし**、硯に向かひて、心にうつりゆくよしなし事を、そこはかとなく書き付くれば、あやしうこそ物狂ほしけれ」から採られたものです。「つれづれ（徒然）」とは「やるべき事がなくて、手持ち無沙汰なさま」を表しており、全体では「手持ち無沙汰なので、一日中、硯と向かい合って、心に浮かんでは消える他愛のない事柄を、とりとめもなく書きつけてみると、妙におかしな気分になってくる」といった意味になります。

この序文の他に、人の命は限りがあるからこそ輝くと説く第８段の「あだし野の露消ゆる時なく、鳥部山の煙立ちさらでのみ住み果つる習ひならば、いかに物の哀れもなからん。世は定めなきこそいみじけれ。命あるものを見るに、人ばかり久しきはなし」なども広く知られています。

ちなみに、『徒然草』には同時代の事件や人物についての記述もあり、第226段では『平家物語』の作者について、「信濃前司行長なる人物が平家物語の作者であり、生仏という盲目の僧に教えて語り手にした」と記されています。これは、『平家物語』の作者に関する記述としては、現存するもののなかで最古のものです。

注目 現代人も共感しやすい内容

『徒然草』で書かれているテーマは多岐にわたり、そのどれもが当時の人々や社会を鋭い洞察力で分析しています。そして、全体の基調となっているのは『方丈記』と同じく、「**無常観**」です。

ただ、書きぶりは決して堅苦しくも暗くもなく、時に皮肉やユーモアを交えつつ、自由闊達に書かれています。そのため、現代の私たちにも共感しやすい文章が数多くあります。

影響 江戸時代、絵画の題材となる

正徹が紹介して以降、その弟子である歌人や連歌師などを通して『徒然草』は人々に知られていくようになりました。とくに江戸時代になると、本書に記されている教訓が町人などにも親しみやすかったため、幅広く愛読され、さまざまな写本が流布するようになります。現存する写本の多くは、江戸時代のものです。

また、江戸時代には『徒然草』に書かれている内容を絵にすることも盛んになりました。土佐光起（とさみつおき）、住吉如慶（すみよしじょけい）・具慶（ぐけい）の親子、海北友雪（かいほうゆうせつ）などの当代一流の絵師たちが本書を題材にした絵巻を描いています。そのなかでも、海北友雪の「徒然草絵巻」は有名です。同時に、庶民にも読みやすい絵入版本も大量につくられるようになり、『徒然草』はいっそう広まっていきました。

近現代においても、文芸評論家の小林秀雄（こばやしひでお）は本書を「空前の批評家の魂（たましい）が出現した文学史上の大きな事件」と高く評価しています。

伊藤先生のひと言メモ

「今の教科書は吉田兼好じゃなく兼好法師って言うの？」とか「『徒然草』の作者は確定じゃないの？」とか思われた方が多いと思いますが、そうなんですよ。よく「悪いことは言わん、高校時代の歴史の教科書や資料集を取っとけよ」などとドヤ顔で言う大学の先生もいますが、つねに最新版じゃなきゃ、ほぼ意味なかったりして……。

建武記（建武年間記）

けんむき（けんむねんかんき）

「建武の新政」の実態を詳細に記録した史料

作 不詳	年 14世紀前半
数 1巻	分 記録

背景 「建武の新政」の約3年間の記録

「元弘(げんこう)の乱」で鎌倉幕府を打倒した**後醍醐(ごだいご)天皇**は、1333（元弘3）年から、天皇自ら政治を行う親政を始めました。これを「建武の新政」といいます。

親政は約3年で頓挫(とんざ)しますが、その間に出された法令や訴訟の記録をまとめたものが『**建武記**』で、『建武年間記』とも呼ばれています。作者は不詳なものの、当時の裁判関係の役人が記したものというのが定説です。

概要 「二条河原落書」も所収

後醍醐天皇政権が出した「綸旨遵行事(りんじじゅんぎょうのこと)」などの法令と、当時の裁判記録の他に、有名な「二条河原落書(にじょうがわらのらくしょ)」も本書に収められています。

これは、当時の御所があった二条富小路(とみのこうじ)に近い鴨川(かもがわ)の河原にあった落書で、「此頃(このごろ)都ニハヤル物。夜討、強盗、謀綸旨(にせりんじ)」という書き出しで始まるものです。混乱する当時の世相を鋭(するど)

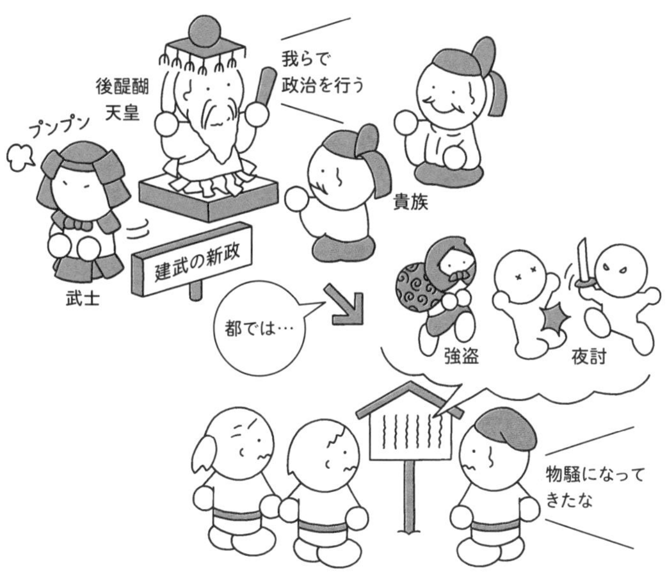

く風刺したものとしてよく知られています。

影響 江戸時代にも読まれていた

『建武記(建武年間記)』は、建武の新政の実態を知るうえでの貴重な史料です。江戸時代後期に編纂された古文書の集成である『群書類従』などにも収められました。

伊藤先生のひと言メモ

「建武の新政」は、院・摂関・幕府を廃止し、天皇親政の理想を掲げたはいいが、現実は公家政治と武家政治の折衷(せっちゅう)で、身びいきもひどく大混乱！ なのに後醍醐天皇は「今の例は昔の新儀(しんぎ)なり、朕(ちん)の新儀は後世の先例たるべし(現在の常識も昔は新しいことだった、自分のすることもそうなるはずだ)」と無反省。ある意味さすが。

神皇正統記

じんのうしょうとうき

天皇にも苦言を呈した 南朝の重臣が記した史書

作 北畠親房	年 1339（延元４／暦応２）年
数 ３巻	分 歴史書

概要 天皇や幕府を主観的に評価

室町時代前期の約60年間にあたる南北朝時代は、文字どおり南朝（吉野（よしの）など）と北朝（京都）の二つの皇統が並び立っていました。**北畠親房（きたばたけちかふさ）**は南朝を興した後醍醐（ごだいご）天皇に重用された公家で、『**神皇正統記**』は北朝との抗争が続いていた1339（延元（えんげん）４年／暦応（りゃくおう）２）年に書かれました。

同書は**南朝正統論**にもとづいて、神武（じんむ）天皇から後村上天皇までの事績をまとめた歴史書ですが、天皇や鎌倉幕府などに対する主観的な評価もなされており、親房の史論書ととらえることもできます。

“ある童蒙のために示す”

北畠氏は村上源氏の系譜（けいふ）に連なる公家の名門です。親房は若いころに一度出家していますが、後醍醐天皇の即位とともに還俗（げんぞく）し、側近にとり立てられました。

後醍醐天皇は1331（元弘（げんこう）元）年に鎌倉幕府打倒の兵を挙げ、

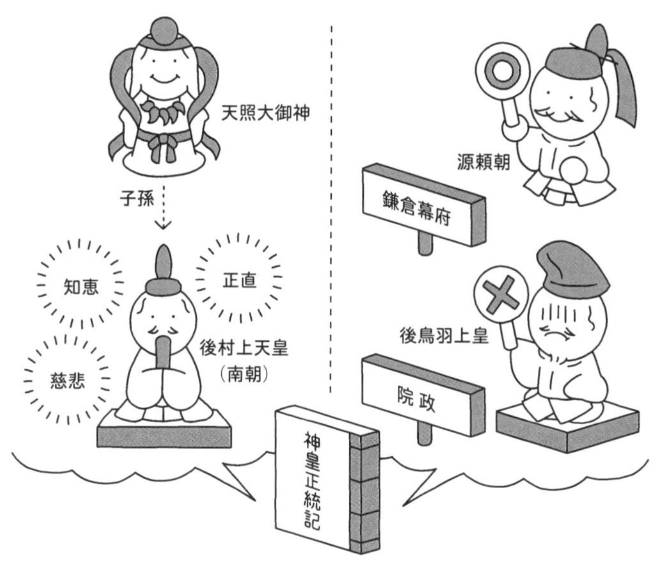

これに呼応した足利高氏（のちの尊氏）、新田義貞、楠木正成らによって幕府は倒されました。その後は天皇が自ら政治を行う「建武の新政」がスタートしますが、公家を中心に自身の気に入る人物ばかりを重用する後醍醐天皇の方針に、とくに武家は不満を募らせていきます。

やがて足利尊氏が政権に反旗を翻し、1336（延元元／建武３）年に光明天皇を擁して京都で北朝を立てます。後醍醐天皇は、大和国（現在の奈良県）の吉野で南朝を興し、南北朝時代はこうして幕を上げました。

親房は1333（元弘３）年から、陸奥将軍府（東北の統治機関）の義良親王（後醍醐天皇の皇子で、のちの後村上天皇）を補佐し、南朝の勢力を拡大するために東国を転戦していました。

その最中の1339年、籠城戦を展開する**常陸国**（現在の茨城県）**小田城**で執筆したのが『神皇正統記』です。親房はわずかな資料のみで同書を書き上げたと伝わり、その超人的な記憶力にはおどろくべきものがあります。

同書にはいくつかの写本があり、「白山本」と呼ばれる写本の奥書きには、「ある童蒙のために示した」との執筆理由が記されています。「童蒙」とは無知な子どもの意味で、後醍醐天皇の崩御にともなって即位した後村上天皇、あるいは関東の有力武家の子息である結城親朝と見られていますが、今日では後村上天皇とする説が有力です。

注目 三種の神器は「慈悲・正直・智恵」

「**大日本は神国なり**。天祖はじめて基をひらき、日神ながく統を伝へ給ふ。我国のみ此事あり。異朝には其たぐひなし。此故に神国と云ふなり」

第一巻の冒頭に記されるこの一節からもわかるように、本書は**伊勢神道の思想**にもとづいて書かれています。加えて儒教思想の影響も強く、北畠親房は、皇位継承の証しである三種の神器を、慈悲(八尺瓊勾玉)・正直(八咫鏡)・智恵(天叢雲剣)という三つの徳の象徴と見なし、皇統は徳の高い人物に受け継がれるべきであるとの論説を展開しました。

歴代の天皇や皇族を無条件で賞賛しているわけではなく、時に苦言を呈し、武家を高く評価している点は『神皇正統記』の特徴の一つといえます。

たとえば、鎌倉幕府の創設者である源頼朝のことは、「天下の乱れを平らげ、皇室の憂いをなくし、万民を安んじた」と賞賛し、幕府を倒そうとした後鳥羽上皇に対しては、「天皇方が幕府に勝る徳政をすることなくして、どうして簡単に幕府を倒すことができようか」「後鳥羽上皇の幕府追討は、時節に至らず、天も許さぬことであったことは疑いようもない」と批判しています。

主君である後醍醐天皇の政治姿勢に対しても、恩賞や人事をめぐる武家の不満に耳を貸さなかったことを批判しており、親房は公平で冷静な視線の持ち主だったようです。

影響 明治の世まで受け継がれた親房の思想

60年近く続いた南北朝の争いは、1392年に北朝が南朝を吸収することで終息しました。15世紀後半には公家の壬生晴富（みぶはれとみ）が北朝を正統とする『続（しょく）神皇正統記』を著していますが、後世の学者には南朝を正統と考える者が多く、『神皇正統記』の影響力の強さがうかがえます。

たとえば、江戸幕府第６・７代将軍のブレーンであった新井白石は、『読史余論（とくしよろん）』のなかで『神皇正統記』の言葉をたびたび引用して徳川政権の正統性を説いています。徳の高い者が世を治める徳治主義の考え方は、天皇に代わって将軍が政権を担うことの根拠となり得たのです。

しかし、幕末になると尊王攘夷（そんのうじょうい）思想が台頭し、天皇中心の世が再び求められるようになります。水戸藩の尊王家である藤田幽谷（ふじたゆうこく）・東湖（とうこ）父子や会沢正志斎（あいざわせいしさい）（安（やすし））は、『神皇正統記』で示された「天皇の統治が永久に続く」という「日本のあるべき姿」を「国体」と呼びました。親房の思想は明治以降の皇国史観に大きな影響を与えたのです。

伊藤先生のひと言メモ

北畠親房・顕家（あきいえ）父子は、後醍醐天皇・後村上天皇（もと義良親王）父子の忠臣ですが、さぞや耳の痛い事も注進してきたのだろうな、とうかがい知れる内容。「童蒙」扱いされた後村上天皇は、一読して「よくも本当の事を言いやがったな！」と思ったことでしょう。嘘（うそ）をつかれるより本当の事を言われたほうが人は怒るので……。

太平記

たいへいき

儒教と仏教を織り交ぜて
南北朝の争乱をつづった大著

作 不詳	年 14世紀中ごろ
数 40巻	分 軍記物語

概要 乱世の過酷さを生々しく描写

鎌倉時代末期から南北朝時代までの争乱を描いた『**太平記**』。鎌倉時代に成立した『平家物語』と並ぶ**軍記物語**の代表格ですが、合戦シーンは本書のほうが多く、足利尊氏・直義（ただよし）兄弟や、新田義貞（にったよしさだ）、楠木正成（くすのきまさしげ）、北畠顕家（きたばたけあきいえ）らの戦いを鮮烈に著すと同時に、戦乱の世の過酷さ、残酷さを生々しく描写しています。

全40巻からなり（22巻は欠落）、今日では内容ごとに３部に分けて論じられることが多くなっています。

第１部（１～11巻）は後醍醐（ごだいご）天皇の即位から鎌倉幕府の滅亡、第２部（12～21巻）は建武の新政から後醍醐天皇の崩御、第３部（23～40巻）は「観応（かんのう）の擾乱（じょうらん）」と呼ばれる室町幕府の内紛を描いています。1367（正平（しょうへい）22／貞治（じょうじ）６）年に２代将軍・足利義詮（よしあきら）が亡くなり、その子である３代将軍・義満の執事であった細川頼之（ほそかわよりゆき）が幕府要職の管領（かんれい）に就任する場面で、物語は締めくくられています。

背景 草稿を読んでいた足利直義

作者ははっきりせず、本書にも登場する九州探題・今川貞世(了俊)が著した『難太平記』には、法勝寺の僧侶・恵鎮が『太平記』の草稿を尊氏の弟・直義のもとに持参し、天台宗の僧侶・玄慧に読ませた逸話が記されています。また、『洞院公定日記』の記述から、**小島法師**を作者とする説もあります。40巻という長大な物語であることから、複数の人物が編纂に関わっていたと見てよいでしょう。

なお成立年に関しては、遅くとも1370年代までには全巻が完成していたと考えられています。

注目 後醍醐天皇は狭量な君主

『太平記』の序文には、「優れた君主は天の徳を実践して国を維持し、優れた家臣もそれを理解して国を守る。もし徳を欠いた時は高い地位にあっても、それを維持することはできない」とあります。これは儒教の徳治主義にもとづく王道論であり、本書はこの歴史観のもとで戦乱の世がつづられていきます。

一般的に、**南朝寄りの立場で書かれた**と説明されることの多い『太平記』ですが、過度に南朝を贔屓しているわけではなく、後醍醐天皇に対しては批判も加えられています。天皇は徳のある模範的な君主に描かれる場面もありますが、おおむね評価は低く、「権謀と武力で国を治め、狭量であったために、政権は３年ともたなかった」と批判されています。

対する鎌倉幕府の14代執権で最後の得宗(北条本家の当主)でもあった北条高時への評価も低く、主君である後醍醐天皇と臣下である高時の双方に徳がなかったことが、その後の争乱を引き起こしたと、第１部では記されています。

こうした儒教思想に加え、第２部からは仏教の因果応報思想も随所で見られるようになります。

たとえば、1336(延元元／建武３)年に筑前国(現在の福岡県)で足利尊氏が肥後国(現在の熊本県)の武将・菊池武敏を破った多々良浜の戦いに関する記述では、尊氏が勝利した理由を、彼の善行に起因する仏の加護、すなわち因果応報としています。

この因果という言葉は第３部以降もたびたび用いられ、とくに35巻の「北野通夜物語」では、遁世者(世捨て人)、殿上人(公家)、法師の３人の会話に、南朝に伺候していた日野僧正頼意が耳を傾けるという形で、因果にまつわる逸話がつづられています。

「(南朝の勢いも衰えたが)過去の世の乱れは、公家のせいでも武家のせいでもなく、ただ因果によって起こった」という法師の言葉を聞いた頼意は、「今の世の乱れも再び静かになるだろう」と期待し、その場を立ち去っていきました。

このように『太平記』は、部によって叙述の根底に置かれた思想の比重が異なっており、**複数の人物が書いた**とする理由の一つになっています。

影響 講談の起源となった「太平記読み」

『平家物語』が琵琶法師により語られたように、『太平記』も音読されることで庶民の間に広まりました。室町時代は「物語僧」と呼ばれる僧侶が道端で読み、江戸時代には現代の講談師につながる「**太平記読み**」という職業も生まれています。

また、戦国時代にはイエズス会の宣教師が本書に注目しています。中世を通じて最も庶民に読まれた書物の一つである『太平記』は、日本人と日本の歴史を理解するための有効なテキストであり、彼らの手によるキリシタン版『太平記抜書』が宣教師たちの教育に用いられました。

江戸時代に入ってからは、心中などの事件を中世に置きかえた「時代物」が歌舞伎や人形浄瑠璃の演目として流行します。赤穂浪士の討ち入りを描いた『仮名手本忠臣蔵』も時代物であり、吉良上野介は足利家の執事の高師直、浅野内匠頭は師直の讒言で誅殺された塩冶判官に置きかえられています。

伊藤先生のひと言メモ

『太平記』があって講談という芸能が生まれ、講談師・神田伯山がいる、ということですね。北朝寄りの『梅松論』に対し、南朝寄りの『太平記』があると聞けば、私は漫画『北斗の拳』の北斗神拳と南斗聖拳を思い出します。こちらも“南”が「でかくなったな小僧！(byサウザー)」などと余裕かましてたら“北”のほうが強かったわけで……。

梅松論

ばいしょうろん

北朝側の視点で
南北朝の争乱をつづった物語

作 不詳	年 14世紀中ごろ
数 ２巻	分 軍記物語

概要 承久の乱から金ヶ崎落城までをつづる

『**梅松論**』は、鎌倉時代末期から南北朝時代前期までの争乱を描いた**軍記物語**です。同時期に成立した『太平記』も同様の書物ですが、『太平記』が南朝寄りであるのに対し、『梅松論』は北朝・足利幕府（のちの室町幕府）寄りの立場で書かれています。

扱う時代の範囲も『太平記』とは異なり、『梅松論』は1221（承久３）年の承久の乱から1337（延元２／建武４）年の金ヶ崎城（福井県敦賀市）の陥落までがつづられています。

作者については不詳ですが、北朝寄りの内容であることから、細川氏や少弐氏ら足利幕府内部の人物の手によって書かれたとする説があります。成立年も確かなことはわかっておらず、1349（正平４／貞和５）年ごろと見られています。

背景 幕府の正当性を示すことが目的

本書では、足利高氏（のちの尊氏）を中心に南北朝の争乱が

描かれています。

後醍醐天皇の「建武の新政」(1333〜36年)に反旗を翻しながらも、朝敵になることは避けたい尊氏は、光厳上皇を盟主に掲げます。皇室は鎌倉時代中期より持明院統と大覚寺統とに割れており、持明院統の光厳上皇は、大覚寺統の後醍醐天皇と対立していました。

1336(延元元/建武3)年には光厳上皇の弟の豊仁親王が即位して光明天皇となり、北朝が興りました。同年、建武式目を発した尊氏は、1338(延元3/暦応元)年に征夷大将軍の宣下を受けます。こうして足利幕府は誕生し、以降は後醍醐天皇が興した南朝と争っていくのです。

『梅松論』が書かれた当時、すでに後醍醐天皇は崩御していましたが、依然として二つの朝廷の並立は続いていました。足利尊氏は為政者としての正当性を示さなければならず、本書はその目的の下で書かれました。

注目 本意ではなかった後醍醐帝への謀反

『梅松論』では徹底して足利尊氏を賞賛、あるいは擁護（ようご）する姿勢が貫かれています。

1336年に始まる南北朝の争乱は、1335（建武２）年、北条高時（たかとき）の子の時行（ときゆき）が、尊氏の弟・直義（ただよし）のいた鎌倉を制圧したことが発端です。

この「中先代（なかせんだい）の乱」に際し、尊氏は後醍醐天皇の意向に背（そむ）いて関東に下向（げこう）して鎮圧します。命令違反を負い目に感じていた尊氏は自ら寺にこもって謹慎（きんしん）したのですが、新田義貞（にったよしさだ）ら京都からの追討軍はすぐ側まで迫っていました。

「直義が命を落とせば、自分も生きてはいられない。天皇の命令に背いたことは本心ではない。これは天もわかっていることであろう」

尊氏はそう発して後醍醐天皇との戦いに踏み切りました。『梅松論』では「親族を救うためにやむなく兵を挙げた」とすることで、天意に背く戦いではないことを強調しているのです。

一方で、後醍醐天皇の建武の新政に関しては、開始直後から武家の間で不満が高まっていたことなどに触れています。儒教的に解釈すれば、後醍醐天皇は徳を失ったために、天に見限られたということになります。

本書では歴史の叙述のあとに、臨済宗の禅僧である夢窓疎石（むそうそせき）による、尊氏の人物評が記されています。以下に要約して引用します。

「今の征夷大将軍の尊氏は、仁徳を兼ね備えているうえに大きな徳がある。慈悲天性にして、人を憎（にく）まれることがない。怨敵（おんてき）をまるで我が子のように許す」

政権の正当性は、主に人徳と血筋によって論じられます。本書では尊氏の徳を強調することで、足利幕府を正当なものとしたのです。

影響 史料的価値は『太平記』に勝る

『梅松論』と『太平記』は同じ時代を扱っていることもあり、内容的に似通った記述があります。『太平記』の全巻が完成するのは『梅松論』よりもあとですが、前半部分は『梅松論』より早く完成していたとする説もあり、『梅松論』の作者が『太平記』を参考にしていた可能性があります。

また、両書には互いに矛盾(むじゅん)する記述もあり、その場合は『梅松論』のほうが正しいとされています。『梅松論』が歴史書として扱われることもある一方で、『太平記』は怨霊(おんりょう)なども登場する完全な物語(フィクション)であり、史料的価値は『梅松論』のほうが高いとされています。

しかしながら、現代において高い知名度を獲得しているのは『太平記』です。同書の中心人物である楠木正成(くすのきまさしげ)は、南朝正統論者である水戸藩主・徳川光圀(みつくに)が編纂(へんさん)を開始した『大日本史』によって英雄とされ、逆に尊氏は逆賊(ぎゃくぞく)とされました。その姿勢は明治新政府にも引き継がれ、とくに戦中の尊氏の扱いはひどいものでした。その評価が見直されるのは戦後のことです。

伊藤先生のひと言メモ

『梅松論』は、幕府成立の経緯と足利一門の繁栄を、吉祥樹(きっしょうじゅ)の梅や松に例えて書名としています。私は浜名湖の鰻屋(うなぎや)に住み込み勤務したことがありますが、①松竹梅は大きさが違うだけで質の違いはない、②店により松と梅どちらが上位なのか差がある(鰻屋は梅上位が多い?)。どちらにせよ、特上・上・並と書くより品がありますね。

看聞御記（看聞日記）

かんもんぎょき（かんもんにっき）

室町時代中期の世相をつづった皇族による記録

作 伏見宮貞成親王	年 1448（文安５）年？
数 44巻	分 日記

背景 後花園天皇の父が記す

『**看聞御記**』は、後花園天皇の父である**伏見宮貞成親王**の日記で、正式には『看聞日記』といいます。日記が記された期間は、1416（応永23）年から1448（文安５）年までの33年間です。

概要 政局から芸能、世相まで

全44巻からなり、そのうち日記が41巻、残りは御幸記が１巻、別記が１巻、目録が１巻となっています。

内容は、自身の長子である彦仁王が後花園天皇として即位する前後の政局や、６代将軍・足利義教の時代の室町幕府と守護の動静の他に、能・狂言などの芸能に関する記述や、世俗の出来事など多岐にわたっています。なお、伏見宮は暴君であった義教を「悪将軍」と評しました。

影響 自筆本が宮内庁に現存

この日記は、醍醐寺の僧侶であった満済の日記である『法

身院准后記』と並び、室町時代中期の世相を知るうえで貴重な史料となっています。

全44巻のうち一部は散逸していましたが、残りの現存する伏見宮自筆の原本が宮内庁書陵部に収められています。昭和期に入ってから宮内省図書寮が、この自筆原本の複製を刊行しました。

伊藤先生のひと言メモ

「くじ引き将軍」「万人恐怖」の室町幕府６代将軍・足利義教。彼が赤松満祐に暗殺された嘉吉の変(1441年)の『看聞御記』の下記の記述は有名です。「自業自得ノ果テ、無力ノ事カ。将軍此ノ如キ犬死ニハ古来ソノ例ヲ聞カザル事ナリ」。各社の学習漫画やTVドラマは、さまざまな史料を利用して描かれていることがわかりますね。

善隣国宝記

ぜんりんこくほうき

五山僧が記した
外交関係の文書集

作 瑞溪周鳳	年 1470（文明２）年
数 ３巻	分 外交史、外交文書集

背景 日本で最初の外交史

『**善隣国宝記**』は、臨済宗・相国寺（京都五山第二位）の僧侶であった**瑞溪周鳳**が記した外交史と外交文書集です。**日本で最初の外交史**とも呼ばれています。

概要 足利義満の外交を批判

上・中・下の全３巻で、上巻は古代から1392（明徳３／元中９）年までの中国・朝鮮との関係や僧の往来についての外交史を、編年体で記しています。中巻は1398（応永５）年から1475（文明７）年までの中国王朝の明や朝鮮（李朝）との外交文書が、下巻は1433（永享５）年から1486（文明18）年までの外交文書が収められています。

影響 外交文書作成の手本となる

本来、外交文書の作成は朝廷の役所の仕事でしたが、武家政権である室町幕府では、３代将軍・足利義満以降、漢文を

得意とする五山僧たちが外交文書の作成を担当するようになりました。瑞溪周鳳も明の皇帝への上表文を作成したことがあり、そのような経緯から本書は記されたとされています。

ちなみに瑞溪周鳳は、本書のなかで足利義満が天皇を差し置いて、「日本国王」と称し、明と外交をしたことを批判しています。

伊藤先生のひと言メモ

五山僧は「五山版」として漢詩集を出すほど漢文ができ、儒学の素養もあるので外交関係で活躍するのは当然でした。南宋の「官寺(かんじ)の制」を模倣(もほう)した「五山十刹(じっさつ)の制」で室町幕府が庇護(ひご)した臨済宗寺院は、別格が南禅寺(なんぜん)、京都五山第一位が天龍寺(てんりゅう)、二位が相国寺(しょうこく)、三位が建仁寺(けんにん)、四位が東福寺(とうふく)、五位が万寿寺(まんじゅ)です。他に鎌倉五山もあります。

菅浦文書

すがうらもんじょ

中世の惣村の様子を
克明に伝える文書群

作 不詳	年 鎌倉時代～江戸時代
数 文書1281点、絵図面１点	分 書状、絵図面

概要 琵琶湖北岸で発達した自治集落

かつて羽柴秀吉(のちの豊臣秀吉)が初めて城持ちとなった場所が滋賀県長浜市です。1570(永禄13／元亀元)年に姉川の戦いが行われたのも、当時は今浜と呼ばれていた長浜であり、武家ゆかりの土地という印象があるかもしれません。

しかし、琵琶湖沿岸では古くから漁業や水運業などを営む人々の集落が発達していました。とくに琵琶湖の北岸、葛籠尾崎半島に位置する西浅井町の**菅浦**は、他と比べて比較的早い鎌倉時代後期には「惣」と呼ばれる形態の自治的な村が発生していたことで注目を集めています。

この菅浦での民衆の暮らしを詳細に伝えているのが『**菅浦文書**』であり、鎌倉時代から江戸時代にかけて書かれた文書1281点(65冊)、絵図面１点で構成されています。

背景 武士の仕事をこなした菅浦の民衆

南に琵琶湖を望み、それ以外の三方を山に囲まれた菅浦は、

いわば“陸の孤島”です。人が往来する機会は限定され、菅浦の人々も余所者(よそもの)が村に来訪することを極力嫌いました。こうして菅浦では、惣(惣村)が発達していきます。「惣」は「総」という意味で、「一帯に住む惣(すべ)ての人で自治的に運営される」ことを意味します。

中世には武士が担うことが普通だった治安維持や裁判を、惣村である菅浦では住民の手で行います(＝自検断(じけんだん)・地下検断)。また、時には他の集落との争いを起こすこともありました。こうした自治を長く維持するためにも、起こった出来事を書き留めて、文書を保管しておく必要があったと考えられます。

注目 大浦との境界争いが合戦にまで発展

『菅浦文書』のなかでもとくに注目されているのが、集落の境界をめぐる隣村の大浦(おおうら)との争いです。前述のように湖と山に囲まれた菅浦は耕作地が少なく、山を越えて大浦に近い日指（ひさし）、諸河（もろかわ）という場所に、約16ヘクタールの田を構えていました。これが大浦との争いに発展します。

「菅浦与大浦下庄（しものしょう）堺（さかい）絵図」は、この境界争いにおいて菅浦側が作成した地図です。半島の付け根には赤い線が引かれているのですが、これは菅浦側が主張する境界線です。

この争いは、じつに200年にわたり続けられ、室町時代には合戦も行われました。その様子も菅浦の民衆は克明（こくめい）に記録しており、1445（文安２）年から翌年にかけて行われた合戦では、菅浦側に16人の死者が出ています。

また、この「菅浦与大浦下庄堺絵図」は中世の荘園を描写した代表的な絵図面としても貴重です。菅浦の南の湖面には竹生（ちくぶ）島が浮かんでいて、その竹生島にある弁財天の本山は比叡山の檀那院（だんないん）です。荘園としての菅浦の領主も檀那院であり、この絵図面では竹生島の景観も細かく描写されています。

惣村である菅浦では、20人で構成される「乙名（おとな）」が実質的な指導者の立場にあり、その下に「中老（ちゅうろう）」「若衆（わかしゅう）」と呼ばれる役職が続きます。一般的に、惣の運営方針はすべての構成員が参加する寄合で決められ、集落で発生した揉（も）め事（ごと）を裁断するための「**惣掟**（そうおきて）」もつくられました。

菅浦には10ほどの掟があり、「主のいない家からは税金を取ってはいけない」といった、弱者を守る法律があったことが知られています。罪人に対する裁判も公正に行われていたと考えられており、1461（寛正（かんしょう）２）年の「菅浦惣庄置文（そうしょうおきぶみ）」では、「裁判では証拠を示し、法律にもとづいて裁く必要がある」と示されています。

こうした惣村は、室町時代後期に入ると戦国大名の圧力が強まったことで、しだいに姿を消していきます。菅浦も北近江（きたおうみ）（現在の滋賀県北部）の大名・浅井（あざい）氏の支配下に入り、住民たちによる自治は事実上、終焉(しゅうえん)しました。

影響 庶民が書いた文書群が国宝に

『菅浦文書』は、須賀神社の「開かずの箱」に人知れず保管されており、初めてその存在が明らかになったのは大正時代です。中世の惣村の様子を具体的に伝える史料は全国的にも数が少なく、2018(平成30)年には国宝に指定されました。滋賀県内で国宝が誕生するのは52年ぶり、長浜市内に限れば64年ぶりです。

『東寺百合文書』に含まれる「たまがき書状」も、庶民によって書かれた国宝ですが、寺社や武家が発給した文書と合わせての登録であり、すべてが庶民の手による文書群が国宝となったのは、この『菅浦文書』が初めてのケースとされています。長浜市のホームページでは「日本の文化財指定においても画期的なこと」と、その意義を記しています。

また菅浦の湖岸集落は、その景観自体が貴重な遺産であり、2014(平成26)年には文化財保護法が定める重要文化的景観に選定されています。

伊藤先生のひと言メモ

私は京都出身なので、夏休みに家族で、または空手道場の合宿で、琵琶湖に湖水浴に行くことが何度も。寅さん映画にも出てきた菅浦集落の民宿「半次郎」さんには、家族でお世話になり、須賀神社や奥琵琶湖の独特の風景は、「ぼくのなつやすみ」の記憶そのもので、すばらしい場所。２人の子も連れて、両親と再訪したいです。

応仁記

おうにんき

応仁の乱を描いた偽りだらけ？の争乱の記録

作	不詳	年	15世紀後半
数	3巻	分	軍記物語

概要　段階的に成立した『応仁記』

室町時代中期に勃発(ぼっぱつ)した「**応仁の乱**(応仁・文明(ぶんめい)の乱)」は、1467(文正(ぶんしょう)2／応仁元)年から1477(文明9)年までの約11年間にわたって行われた大乱です。主戦場となった京都は焦土(しょうど)と化し、戦闘が沈静化した後も、全国各地の大名が争いをくり広げました。幕府の長たる将軍の権威は失墜(しっつい)し、これをもって、戦国時代の始まりとする見方もあるくらいです。

『**応仁記**』は、東軍の総大将・細川勝元(ほそかわかつもと)と西軍の総大将・山名持豊(やまなもちとよ)(宗全(そうぜん))の双方が死亡した1473(文明5)年までの乱の途中経過を中心につづられた軍記物語です。作者は不詳ですが、成立に関しては次の段階を経たと考えられています。

まず、乱が終息して十数年ごろに、原本とも呼べる通称『一巻本応仁記』が成立します。その後は一巻本が二つに分かれて『二巻本応仁記』となり、さらに赤松氏の家伝とも呼べる『応仁別記』と合わさって、16世紀中ごろまでに『三巻本応仁記』が成立しました。現代において、ただ『応仁記』といった場合

は三巻本をさします。

背景 原本に記されていた終末予言

これらのうち、一巻本と二巻本の冒頭には、ある漢詩がつづられていました。その現代語訳を記します。

「百王の流れはついに尽きて、猿や犬が英雄を称した。流星が野外に飛び、鐘や鼓が国中に響いた。大地は荒れ果て、果てしない世界は無に帰した」

これは『野馬台詩（やばたいし）』という24句からなる詩の末尾6句で、5世紀中国の僧侶・宝誌（ほうし）の作と伝わります。内容はいわゆる終末論であり、100代目の王の治世が終わると大乱が起こり、世界が滅亡すると予言しています。

この『野馬台詩』は奈良時代に日本に伝わり、長く人々に信じられていました。南北朝時代に天皇は100代目を迎えており、3代将軍・足利義満も「100代はどこから数えるのか」と、この予言を気にしていた逸話が残ります。

注目すべきは「猿や犬が英雄を称した」の一節です。山名宗全は申年、細川勝元は戌年の生まれであり、２人の戦いを目の当たりにした人々は、予言が的中したと考えていました。『一巻本応仁記』の作者もその１人であり、実際の出来事をこの終末予言に重ね合わせて解釈しようとしたのです。

注目 否定されつつある従来の通説

今日まで通説となっている応仁の乱の原因は、主に『応仁記』の記述を根拠としています。すなわち、足利将軍家の後継者争いです。

８代将軍・足利義政と妻・日野富子の間には子がなく、義政は出家していた弟の義視を後継者に指名しました。その際に、還俗する義視の後見人となったのが三管領(管領を務める細川・斯波・畠山の三家)最強の、細川勝元です。

ところが間もなく夫婦には義尚が生まれ、母の富子はわが子を次の将軍にすべく、四職(侍所の所司を務める山名・赤松・一色・京極の四家)最強の山名宗全に協力を求めました。

従来では、この２派閥の争いを軸に、斯波氏・畠山氏の家督争いが絡んだことで応仁の乱が起こったと断定されていましたが、現在では疑問もあります。

義尚が生まれた翌年の1466(文正元)年、幕府内部では文正の政変が起こっています。これは足利義視の排除を将軍だった義政に訴えた伊勢貞親(義政の側近で義尚の守役)を、山名宗全や細川勝元らが追放した事件です。つまり、将軍家の後継者争いに関しては、宗全は勝元や義視と敵対していなかったことになります。ただし、開戦した翌年の1468(応仁２)年からは、逆に宗全が義視を、勝元が義尚を後援します。

一方、畠山家の家督争いに関しては、２人は明確な対立関係にありました。勝元が後援する畠山政長(まさなが)が、勝元に代わり新たな管領に就任したのですが、宗全は、畠山義就(よしなり)(政長の従兄(いとこ))と手を結び、政長を罷免(ひめん)に追い込みます。この行動がもとで大乱に発展していくのです。

影響 日野富子は悪女だったのか

日野富子に関しても、『応仁記』は真実を伝えているとはいえません。同書の富子は宗全の協力を得るために手紙を送っていますが、裏づけとなる一次史料はありません。

また、富子は戦乱の最中に守護大名相手の高利貸しを営んでおり、現在の60億～70億円に相当する資産があったと伝わりますが、御所が火災にあった際は修築費用を提供しており、必ずしも私欲を満たすための蓄財ではありません。

しかし、『応仁記』は富子をことさら悪く描いており、江戸時代までには今日に受け継がれる「政治に介入する悪女」「賄賂上等(わいろじょうとう)の守銭奴(しゅせんど)」のイメージが定着したと見られています。

現代では、富子が悪女とされた理由についてもさまざまな考察がなされています。その一つとして、応仁の乱以降の幕府を一枚岩にするために悪役が必要であったことが指摘されています。

伊藤先生のひと言メモ

『応仁記』といえば、飯尾彦六左衛門尉(いいおひころくさえもんのじょう)が「汝(なんじ)ヤ知ル　都ハ野辺ノ　夕雲雀(ゆうひばり)　上カルを見テモ　落ツル涙ハ」と詠む名場面。京都には室町時代以前の遺構は少なく、古代ロマンを求め集(つど)う観光客の方々には何だか申し訳ない……。京都で「こないだの戦争」といえば応仁の乱、などとも言われますが、それはたぶん都市伝説です、たぶん。

節用集

せつようしゅう

400年の長きにわたって愛用された国語辞書

作 不詳	年 室町時代中期
数 1巻	分 辞書

概要 漢字の熟語とその読み方を記載

室町時代中期、15世紀半ばに成立した『**節用集**』は、漢字1文字の言葉、あるいは漢字2文字以上の熟語の読みを記した**国語辞書**です。五十音順ではなく**イロハ順**に項目が立てられ、さらにそれぞれの項目のなかで意味別に分類されているのが特徴です。

編者は不詳ですが、収録されている言葉の傾向から、僧侶が編纂(へんさん)に関わっていたと見られています。

『節用集』は、これまでの辞書や類書と比べて格段に使い勝手がよかったため、増補改訂を重ねながら明治初期まで人々に愛用されました。

背景 識字率の上昇で普及する辞書

日本における辞書・辞典の歴史は古く、天武天皇の命により682年に完成した『新字(しんじ)』が日本初の辞書とされています。『日本書紀』の記述から1部44巻で構成されていたことがわ

かっていますが、原本も写本も現存せず、内容については不明です。

写本が現存する最古の辞書は、平安時代前期に空海が編纂した『篆隷万象名義（てんれいばんしょうめいぎ）』です。これは部首によって部門分けした漢字辞典で、約１万6000の漢字の隷書（れいしょ）（楷書（かいしょ））と、一部の漢字については篆書が記載されています。

その後は『新撰字鏡（しんせんじきょう）』『倭名類聚抄（わみょうるいじゅしょう）』『類聚名義抄』『色葉字類抄（いろはじるいしょう）』などが、９世紀末から12世紀にかけて編纂されました。これらは万葉仮名、つまり和語で漢字の読みが記されており、今日の漢和辞典や和漢辞典のルーツということができます。なお『色葉字類抄』は、言葉をイロハ順に掲載した辞書としては日本最古です。

そして、室町時代に入ると、庶民にとってより身近な言葉を収録した辞書が普及します。1444（文安元）年に成立した『下学集（かがくしゅう）』はその代表格の一つであり、天地・時節・神祇（じんぎ）・人倫・官位といった部門の他に、家屋・絹布・飲食・器財などの部門が立てられています。このような生活語彙を集めた辞書が普及した背景には、庶民の識字率の上昇があると考えられます。

注目 最初の発音と意味で分類

この『下学集』などを参考に編纂されたのが『節用集』です。収録された言葉は、まずイロハ順の部で大別され、それぞれの部のなかで「天地」や「時節」といった、言葉の意味による門でさらに分類されます。

具体例を挙げると、最初期の諸本(原本を同じくする写本や刊本の総称)である「伊勢本」のイ部天地門には、「伊勢」「壱岐」「伊予」「因幡」といった日本の旧国名や、「雷」「稲光」「池」「石」といった自然に関する言葉が並び、その脇にカタカナで読み仮名が振られています。また、言葉によっては**意味や語源が注釈という形で記されています**。

『節用集』の諸本は、つくられた年代によって収録されている言葉や部門の立て方に違いがあります。日本の旧国名が一括して巻末に掲載されるようになったあとの諸本は、「伊勢」に代わって「印度」が最初に掲載されていることから「印度本」と呼ばれています。

その後は部の設定において定家仮名遣いが採用され、伊勢本や印度本にはなかったヰ・ヱ・オの部が新たに立てられます。これにより「印度」はヰ部に移され、「乾」がイ部の最初に記載されるようになりました。こうした諸本を「乾本」といいます。

室町時代から江戸時代初期までにつくられた伊勢本、印度本、乾本は「古本節用集」と呼ばれ、それ以降の『節用集』とは区別して扱うのが慣例となっています。

影響 多様な変化を遂げる『節用集』

「古本節用集」のなかでも、乾本は平井易林（ひらいえきりん）という教養を備えた人物によって編纂（へんさん）されたことから「易林本」とも呼ばれています。

江戸時代の『節用集』は、この易林本をベースにさらなる変化を遂げ、楷書と行草書（ぎょうそうしょ）を並記した「二行節用集」や「二体節用集」、門を廃止してイロハ順のみで言葉を分類した「早引（はやびき）節用集」などがつくられます。

また、辞書としての使い勝手の良さとは別方向の変化として、囲碁（いご）や将棋（しょうぎ）、占いなどの付録を充実させた娯楽性の高い諸本も生まれました。

このように隆盛を極めていた『節用集』でしたが、明治時代に入ると、言葉の意味も記載した本格的な国語辞典が誕生したことで、しだいに姿を消していきます。とはいえ、400年にわたって人々に愛用されてきた事実は揺るぎません。『節用集』は、**後世の国語教育の礎（いしずえ）**になったということもできるでしょう。

伊藤先生のひと言メモ

15世紀半ばにつくられた『節用集』は、16世紀には奈良の商人・学者・連歌師である饅頭屋宗二（まんじゅうやそうじ）（林宗二（りん））によって、刊本（＝多くの部数を複製した本）も出版されました（＝饅頭屋本）。私は辞書が大好きで、高校時代は英和・和英・国語・漢和・古語・日本史辞典を持ち歩き、カバンが異様に重かったクチ。今は電子辞書も大好き。

大乗院寺社雑事記・大乗院日記目録

だいじょういんじしゃぞうじき・だいじょういんにっきもくろく

興福寺の有力院家に伝わる中世史研究の基本史料

作 尋尊・政覚・経尋（大乗院寺社雑事記）尋尊（大乗院日記目録）	年 室町時代後期（大乗院寺社雑事記）平安時代後期～室町時代後期（大乗院日記目録）
数 約190冊（大乗院寺社雑事記）４巻（大乗院日記目録）	分 日記

概要 三代の門跡によってつづられた日記

藤原氏の氏寺（一族の者が建立し、その一族や子孫が帰依などする寺院）である奈良の大寺院が**興福寺**です。その塔頭（子院。大寺院に所属する小寺院・別坊）の一つである**大乗院**には、創建以来数多くの文書が伝わってきました。なかでも『**大乗院寺社雑事記**』と『**大乗院日記目録**』は、**日本中世史研究の基本史料**となっています。

『大乗院寺社雑事記』は、室町時代中期に大乗院の**門跡**（継承者・責任者）を務めた摂関家子弟の**尋尊**（関白・一条兼良の子）・政覚・経尋の三代にわたる日記で、1450（宝徳２）年から1527（大永７）年までの社会情勢や事件、宗教、芸術文化など雑多な内容がつづられています。

一方の『大乗院日記目録』は、この日記を含む大乗院伝来の文書を尋尊が単独でまとめたもので、1065（治暦元）年から1504（永正元）年までの出来事が記されています。

背景 大和国の実質的領主であった興福寺

8世紀初頭、藤原不比等により創建された大和国(現在の奈良県)の興福寺は、朝廷に保護された南都七大寺の一つであり、藤原氏の氏寺でもありました。加えて奈良時代以降は、神仏習合(神道と仏教への信仰を融和・調和させること)により春日大社とのつながりも強まっていき、大和にある寺社の多くは興福寺と春日大社の末寺・末社となります。有していた荘園は広範囲にわたり、興福寺は中世の大和国において実質的な領主の立場にありました。

大乗院は、一条院と並ぶ有力な塔頭で、興福寺の最高指導者である別当は、この二つの院家から交互に選ばれるしきたりになっています。こうした背景から、大乗院には寺社の運営に関する書類や、大和の内外で起こった事件の記録など、さまざまな書状が伝わることとなったのです。

注目　日本初の土一揆を記録

「正長元年九月 日、一天下の土民蜂起す。徳政と号し、酒屋・土倉・寺院等を破却せしめ、雑物等恣にこれを取り、借銭等悉くこれを破る。管領これを成敗す。凡そ亡国の基、これに過ぐべからず。**日本開白以来、土民蜂起是れ初めなり**」

『大乗院日記目録』のこの一節は、1428(正長元)年の「**正長の土一揆(徳政一揆)**」に際して尋尊が書き記した言葉です。

当時は都市における貨幣経済の進展期であり、酒屋や土倉、寺院は金融業も営んでいました。一揆の目的は徳政、つまり借金の帳消しです。結果として室町幕府から徳政を引き出すことはできませんでしたが、大和国では興福寺が独自に徳政令を出しました。正長の土一揆は、日本初の庶民(土民)による一揆であり、まさに時代の転機となったのです。

その後、1441年には嘉吉の土一揆(徳政一揆)、1467年には応仁の乱が勃発し、畿内における領主の支配力はさらに弱まっていくこととなります。

また、山城国(現在の京都府南部)の南部では、守護の座を争う管領家の畠山政長と畠山義就が、応仁の乱の終息後も小競り合いを続けていました。長い争乱で疲弊した国人(地方武士)や土民たちは、自ら国掟を定め、両畠山軍が対陣していた南山城から退去してもらうことに成功します。

1485(文明17)年から８年間続いたこの「**山城の国一揆**」は『大乗院寺社雑事記』で詳述されており、尋尊は、国人・土民の要求に「然るべきか(もっともなことだ)」と理解を示しつつ、「但し又下極上の至なり(ただしこれは下剋上の極みである)」と、当時の風潮に対する嘆きの声を挙げています。

この二つの一揆は、惣(惣村)と呼ばれる自治集落が力を増す一方で、武家や寺社といった領主層の支配力が低下の一途をたどっていたことを示しています。

『大乗院寺社雑事記』と『大乗院日記目録』は、こうした土民・国人らの動向や、支配者との関係の変化を知ることができる基本的な史料であり、先に引用した文章は、日本史の大学入試でもたびたび取り上げられています。

影響 紙の裏面も貴重な史料

『大乗院寺社雑事記』は、装訂の面でも現代の書籍にはない特徴があります。一つひとつのページは紙を二つ折りにした袋状になっているのですが、外からは見えない紙の裏側にも文字が記されています。これは「**紙背文書**（しはいもんじょ）」と呼ばれるもので、当時は貴重品であった紙を節約するために、新しく本をつくる際には目を通し終えた書状などが再利用されていました。

当時の人々にとっては用済みの紙背文書ですが、現代人からすれば紙の表であっても裏であっても、書かれている内容の価値は変わりません。

とくに『大乗院寺社雑事記』は、紙背文書の記述から日記の内容の裏づけが取れることも多く、現在では紙背文書のみを収録した本も刊行されています。『大乗院寺社雑事記』は、まさに情報の宝庫といえるのです。

伊藤先生のひと言メモ

大乗院関係の史料で大事なのは、「あくまでも摂関家出身の門跡という立場・視点からの日記」だということ。どの角度から事物を見るかにより同じ事物でもまるで違う印象となる、と痛感できる点でも優れた教材。武士や庶民の行動を懐深く認めているようでいて、「あんたらええ加減にしときなはれ」と聞こえてくる気も……。

偽りの歴史書②

戦国大名や幕末の志士の虚構

戦国大名についての記録には、信ぴょう性が怪しいものが多くあります。たとえば、甲斐国（現在の山梨県）の戦国大名である武田氏の戦略や戦術を記した軍学書『甲陽軍鑑』も、成立過程があいまいで、合戦の記述に誤りがあることから、かなり長い間、偽書ではないかと疑われていました。

明らかに偽書であることがわかっているものとして、近江国（現在の滋賀県）の守護大名・六角氏に関する記録『江源武鑑』が挙げられます。これは、江戸時代に六角氏の子孫を自称した沢田源内という人物が勝手に書いたものです。沢田は『江源武鑑』以外にも、偽書や偽系図をつくりまくっていたことで悪名高く、一説には徳川氏の先祖について記された著者不明の『三河後風土記』も沢田の作であるといいます。

近世以降の人物のものでは、坂本龍馬の「船中八策」も偽書という説が有力です。これは、龍馬が新国家体制の基本方針をしたためたものとされ、のちに明治天皇が新政府の方針として示した「五箇条の御誓文」のもとになったと長年にわたり信じられてきました。しかし近年は、明治時代に書かれた龍馬の伝記のなかで書かれた創作物と考えられています。

Chapter 3

安土桃山時代から明治時代まで

日本史
信長公記
甲陽軍鑑
多聞院日記
三河物語
慶長遣欧使節関連資料
本朝通鑑
葉隠
聖教要録
東寺百合文書
農業全書
塵劫記・発微算法
読史余論
古事記伝
都鄙問答
自然真営道
日本外史
北越雪譜
経世論の書物群
菅江真澄遊覧記
日本幽囚記
日本・日本動物誌・日本植物誌
尊王論の著作群
徳川実紀
日本遠征記
大君の都
大日本史
徳川十五代史
日本奥地紀行

日本史

にほんし

イエズス会宣教師が見聞きした戦国期の日本が描かれた書

作 ルイス・フロイス	年 16世紀末
数 3巻	分 歴史書

概要 名だたる戦国武将と交流

16世紀末に書かれた『**日本史**』は、**イエズス会の宣教師ルイス・フロイス**の手による歴史書です。1563(永禄6)年に来日したフロイスは、1597(慶長2)年に長崎で死去するまで、そのほとんどの時間を日本で過ごしました。織田信長や豊臣秀吉、キリシタン大名の大友義鎮(宗麟)や大村純忠らと交流し、彼らの人となり、布教活動のなかで起こった出来事などが編年体でつづられています。

原本は全3巻で、第1巻は概論にあたる「序文」「日本六十六国誌」「日本総論」で構成されています。本編にあたる第2・3巻は3部構成で、1549(天文18)～1578(天正6)年に関する記述が「第一部」、1578～1589(天正17)年が「第二部」、1590(天正18)～1593(文禄2)年が「第三部」となっています。

背景 突如届いたイエズス会本部の指令

フロイスは1532年生まれの**ポルトガル人**で、カトリック修

道会のイエズス会に入会しました。赴任地のインドのゴアでは、日本にキリスト教を伝えたフランシスコ・ザビエルと出会い、フロイスも日本での布教を志すようになります。

その願いは叶(かな)い、1563年に長崎へ来航したフロイスは、日本での布教活動をスタートさせます。1565(永禄8)年に京都で13代将軍・足利義輝(よしてる)に謁見(えっけん)し、その4年後には織田信長との対面も果たします。両者ともキリスト教に寛容であり、布教の許可は容易に得ることができました。豊後(ぶんご)国(現在の大分県)では大友義鎮とも面会しています。この出会いを契機として、義鎮はのちにキリスト教に改宗しました。

順調に布教活動を行っていたフロイスに転機が訪れたのは、1579(天正7)年のこと。その文章力と判断力を高く評価したイエズス会本部は、ザビエルに始まる日本での布教の歴史を書物にまとめるよう、フロイスに要請したのです。『日本史』の執筆はこうして始まりました。

注目 評価が対照的な信長と秀吉

西洋人であるフロイスの眼から見た武将たちの姿は、日本の文献が伝える人物像と異なる印象を与えてくれます。

35歳だった信長との初対面は、建造途中の二条城(15代将軍・足利義昭のための将軍邸)で行われました。信長は自らがかんなをもって工事の陣頭指揮を執っていたそうです。面会したフロイスに対しても、日差しが直接当たらないように気遣っており、気さくな一面がうかがえます。

そんな信長に対するフロイスの評価は高く、「正義において厳格であった」「はなはだ決断を秘め、戦術に極めて老練」「大胆不敵で、万事において人々は彼の言葉に服従した」と書き記しています。この高評価は、信長がキリスト教の布教を認めたことと無関係ではないでしょう。

逆に、急に態度を変えてバテレン(宣教師)追放令を発した豊臣秀吉に対しては、厳しい評価をしています。とくに批判しているのが女癖の悪さです。

「齢すでに50を過ぎていながら、肉欲と不品行においてきわめて放縦に振舞い、野望と肉欲が、彼から正常な判断力を奪い取ったかに思われた。この極悪の欲情は、彼においては止まるところを知らず、その全身を支配していた」

キリスト教国は一夫一婦制であり(カトリック教会関係者はもちろん独身)、複数の女性を囲っていた秀吉の振る舞いは理解し難いものだったのです。

また、秀吉に関しては「片手の指が6本あった」、すなわち多指症であったと記されています。日本の文献にそうした記述はほとんど見られず、一時は偽りとされていましたが、現在では事実であったとする見方が有力です。**日本人が記述をためらった事柄にも触れている**点は、外国人の手による文献ならではといえるでしょう。

影響　人名・地名の当時の読み方が判明

1587(天正15)年、秀吉がバテレン追放令を発したあともフロイスは日本に留まり、『日本史』の執筆を継続しました。同書の記述は1594(文禄３)年が最後となっています。しかし、その分量はあまりにも多く、ローマのイエズス会本部に送られることはありませんでした。マカオで保管されていた原本は火災で焼失し、写本は世界中に散らばってしまいますが、19世紀末から相次いで発見され、ようやく『日本史』は日の目を見ることとなりました。

ポルトガル語で書かれた『日本史』は、その後の日本史研究に意外な効果をもたらしています。たとえば、日本の文献では秀吉を「羽柴筑前殿(はしばちくぜんどの)」と記している場合があります。これは読み仮名がなければ、「はしば」なのか「はねしば」なのかわかりません。一方、『日本史』には「Faxiba Chicugendono(ファシバ チクジェンドノ)」と記されており、「羽柴」は「はしば」と読むことがわかります。

日本の人名や地名の読み方を外国の文献から知るというのも、歴史学のおもしろさといえるでしょう。

伊藤先生のひと言メモ

ルイス・フロイスは、インドのゴアでザビエルやアンジロウ(ザビエルを鹿児島に案内した日本人)に会い、日本で将軍や信長、秀吉、数々のキリシタン大名たちにも面会。安土城も見たことがあり、バテレン追放令も突き付けられた。明のマカオに赴(おもむ)くも、長崎にもどって『日本史』の執筆を続けて亡くなった、当時の生き字引。

信長公記

しんちょうこうき

織田信長の側近による信長の一代記

作 太田牛一	年 1598(慶長３)年
数 16巻	分 伝記・軍記物

概要 数々の小説・ドラマの“ネタ元”

日本史上トップクラスの知名度を誇る**織田信長**の生涯は、過去に何度も小説化・映像化されていますが、そこで描かれるエピソードの一番の“ネタ元”となっているのが、信長の一代記である『**信長公記**』です。

信長が室町幕府15代将軍・足利義昭(のちに信長によって京都を追放される)とともに上洛した1568(永禄11)年から、本能寺の変で自害を遂げる1582(天正10)年までの15年間が、１年で１巻、計15巻にまとめられています。それから「吉法師」と呼ばれた少年期から上洛するまでをつづった首巻を加えた、全16巻で構成されています。

作者は、信長の家臣であった**太田牛一**です。歴史学において伝記や軍記物語は、書状などの一次史料をもとにした二次史料と見なされていますが、この『信長公記』は信長と同時代を生きた人物によって書かれており、一次史料と同等の扱いを受けています。

 背景 筆まめな牛一のメモ書きを編纂

今日、『信長公記』と呼ばれている本は一つだけではありません。同書をもとにつくられた諸本（原本を同じくする写本や印刷本の総称）がいくつも存在しています。

たとえば、姫路藩、鳥取藩、岡山藩などの藩主を務めた外様大名である池田家に伝わる通称「池田本」は、織田家の重臣であった池田恒興の親族からの依頼を受けて、牛一自身が複製しました。池田本を含め、牛一直筆の『信長公記』は現在４組が確認されており、牛一以外によって書かれたものも含めると70組以上が過去に存在していたと見られています。

牛一は尾張国（現在の愛知県西部）春日井郡の生まれで、信長より７歳年長です。もとは尾張守護・斯波義銀や織田家家臣の柴田勝家に仕えていましたが、弓矢の腕を買われて信長に召し抱えられました。

その後は信長の側近となり、書記官である右筆(祐筆)を務めていたと見られています。非常に筆まめな性分であり、日々の出来事を日記やメモに書き留めていたことが『信長公記』の編纂につながるのです。

注目 信長の悪行も淡々と記述

主君である信長のことは、当然好意的に書かれています。ただし、信長にとって都合の悪いことを無視していたわけではありません。たとえば比叡山延暦寺の焼き打ちに関しては、「根本中堂、山王二十一社を初め奉り、零仏、零社、僧坊、経巻一宇も残さず、一時に雲霞のごとく焼き払い」「僧俗、児童、智者、上人一々に首をきり」と、凄惨な様子を淡々とつづっています。

牛一は、池田本12巻の奥付で、「直にあることを除かず無き事を添えず、もし一点の虚を書するときんば天道如何、見る人はただに一笑をして実を見せしめたまえ」と、嘘偽りなく同書を書いたことを誓っており、こうした執筆姿勢も同書の史料的価値を高めています。

その旺盛な執筆意欲は、信長の死後も衰えることはありません。本能寺の変では、明智光秀の謀反を知った信長が、「是非に及ばず(だからどうした、今さら仕方あるまい)」と言い、奮戦の末に自害したことが広く知られています。これも牛一が、当時現場にいた侍女たちを通じて明らかにした事実です。今日の私たちが信長の物語を楽しむことができるのは、まさに牛一のおかげなのです。

ところで信長といえば、戦国武将のなかでもいち早く鉄砲を合戦に導入し、戦国大名・武田勝頼との長篠の戦い(設楽原の戦い)では、3000挺の鉄砲で武田軍を一網打尽にしたと伝えられています。しかし、『信長公記』には「千挺ばかり」と書かれてはいるものの、「三千挺」という言葉はどこにも見られません。この合戦では別働隊も鉄砲を備えていましたが、その数は500挺ほどです。

影響 庶民に読まれたのは『甫庵信長記』

じつは諸本の一つである池田本には、千挺を三千挺と修正した形跡があります。ただし、修正した人物も時期も不明であり、どちらの数字が正しいのかはわかっていません。

また、同じく諸本の一つである『甫庵(ほあん)信長記』でも三千挺と記されています。これは小瀬(おぜ)甫庵という江戸初期の学者が『信長公記』をもとに書いた軍記物です。

『甫庵信長記』は作り話も多分に含まれていることから、史料としての価値は高くありません。しかしながら甫庵は、同書以外にも豊臣秀吉の伝記である『甫庵太閤記』などを刊行しており、いわば当時のベストセラー作家でした。広く庶民に読まれたのは『信長公記』ではなく『甫庵信長記』であり、その内容が通説として広まっていったのでしょう。

そもそも**『信長公記』は、江戸時代を通じて庶民の目に触れることはほとんどありませんでした。**江戸幕府によって印刷本としての刊行が禁止されており、写本でしか広まらなかったのです。発禁の理由はいまも定かではありません。

伊藤先生のひと言メモ

児童本や漫画、小説やドラマ・映画の「信長像」を支えてきたのが『信長公記』。おかげで信長は随分と得したものだなあ、と思います。牛一は、まるでソクラテスを書き残してくれたプラトン。ダメなポイントまでちゃんと書いているところも、少し似てたりして……。

甲陽軍鑑

こうようぐんかん

「偽書」の汚名を着せられていた武田家ゆかりの軍事資料

作 高坂昌信ら	年 江戸時代初期
数 20巻	分 軍学書

概要 武田家の兵法や軍法などの記述

『甲陽軍鑑』は、武田信玄（晴信）とその息子である勝頼の事績をまとめた軍学書で、全20巻の本編と上下巻の末書で構成されています。親子２代によって行われた合戦のあらましや、武田家の兵法、軍法、刑罰、政治などがつづられ、家臣たちの事績や逸話、甲州武士の心構えなどにも触れられています。

原本は早い段階で喪失しましたが、江戸時代にはいくつもの写本や印刷本がつくられており、武田家の家臣を父にもつ軍学者の小幡景憲が1621（元和７）年に作成した写本が、最も古いと考えられています。

背景 主家の行く末に危機感を抱いた重臣

作者については、現在もはっきりしていません。成立過程に関する最も有力な説では、武田家家臣の高坂昌信の口述を、部下の大蔵彦十郎と春日惣二郎（昌信の甥）が書き継ぎ、その原本を入手した小幡景憲の編集を経て、完成したとされてい

ます。

弾正(だんじょう)の通称で知られる高坂昌信は、「武田二十四将」の１人に数えられる重臣です。口述筆記が始まったのは信玄の死後であり、武田家の行く末に対する危機感から、昌信は信玄の功績を２人の部下に書き留めさせました。『甲陽軍鑑』の内容も、信玄の後継ぎである勝頼や、その側近に向けた諫言(かんげん)という体裁がとられています。

注目 文献に初めて刻まれた「武士道」

軍記物語としても読める『甲陽軍鑑』ですが、あくまでも**軍学書**であり、武士の心構えなどに言及している点が大きな特徴といえるでしょう。とくに「武士道」という言葉は同書が文献上の初出であり、30回以上にわたって用いられています。

該当個所をいくつか抜粋して要約すると、「虚飾(きょしょく)を用いてうわべを取り繕(つくろ)うことはしない」「陣中では規律を守る」「相手の理不尽な行動に対して勇敢に立ち向かう」ことが武士道であると記述されています。

また、同書に記される信玄の次の逸話も、武士の在り方を伝えています。ある日、赤口関左衛門と寺川四郎右衛門という２人の壮年の侍が喧嘩騒ぎを起こしました。つかみ合いにはなりましたが、どちらも刀は抜かず、周囲の仲裁により騒ぎは収まりました。しかし、２人は信玄から追放処分が下され、最終的には処刑されてしまいます。

信玄曰く、「これは口論などではなく、勝負である。しかし２人は刀を抜かなかった。そんなものは武士の勝負ではなく、子どもや町人の争いである。いい歳をしてそんな争いを起こす者は武田家の恥である」。

「常在戦場」という言葉がありますが、信玄は武田家家臣に対して、軽率な行動をつつしみ、つねに緊張感と覚悟をもって振る舞うことを求めていたのです。

このように武士の気概を説いた『甲陽軍鑑』は、江戸時代には武田流軍学（甲州流軍学）の教科書として広く読まれました。ただし、信玄と勝頼の事績に関する記述では、事件が起こった日付などに間違いが多く見られます。たとえば、信玄が父である信虎を追放したのは1541（天文10）年ですが、同書では1538（天文７）年としています。また合戦の場面では、その場にいないはずの武将の名前が記されているケースもあります。

じつは『甲陽軍鑑』の信ぴょう性については江戸時代から疑問視されており、江戸中期の儒学者・湯浅常山はその著書『常山紀談』のなかで、「間違いが多く、まったく信用できない」と述べています。信玄の重臣の高坂昌信がそうした間違いを犯すとは考えにくく、明治時代には「『甲陽軍鑑』は昌信の言葉を記述したものではなく、小幡景憲がつくった偽書である」

とすらいわれるようになり、一旦は史料的価値を失ってしまいました。

影響 国語学者の研究で見直された価値

しかしながら、1960年代に入ると従来とは異なる切り口からの研究が始まり、『甲陽軍鑑』の価値は見直されることとなります。

写本や印刷本は、必ずしも原本をそのまま再現したものではなく、刊行された年代ごとにある程度の表現の修正がなされています。そこで国語学者の酒井憲二(さかいけんじ)は、より古い写本を精査し、景憲の写本では江戸時代には使われなくなった言葉がいくつも使われていることを突きとめます。つまり、『甲陽軍鑑』は景憲のねつ造ではなく、原本を正確に書き写した可能性が高いことがわかったのです。

日付の誤りに関しても、年代の新しい出来事については正確に記されており、昌信の単なる記憶違いか言い間違いであると考えられています。

無論、書かれている内容がすべて正しいわけではありませんが(というより誤りはとても多い)、戦国時代の武家社会を知るうえで貴重な史料であることは間違いありません。

伊藤先生のひと言メモ

「戦いの目的を忘れるな」「攻撃こそ最大の防御」「人材を尊重し活用せよ」「内政の充実こそ勝利への道」「全軍を手足のように動かせ」など、現代にも十分通用する内容。原作者とされる高坂昌信は、主君の信玄と衆道すなわち同性愛関係で、美少年との浮気がバレた信玄が書いた必死の弁明の手紙が残っているのは有名な話。

多聞院日記

たもんいんにっき

歴史的事件を裏づける
多聞院院主の記録

作 英俊ほか	年 室町時代後期〜江戸時代初期
数 46巻	分 日記

概要 約140年間の出来事を記録

『多聞院日記』は、興福寺の塔頭(たっちゅう)(子院(しいん))である多聞院の僧侶が書き残した日記です。欠けている年代も多いですが、室町時代後期の1478(文明10)年から江戸時代初期の1618(元和(げんな)4)年までの政治や社会情勢、文化などが記録されており、中世から近世への移行期における、近畿地方の情勢を伝える貴重な史料となっています。

本書は1人が書いたものではなく、歴代の多聞院院主によって書き継がれてきました。なかでも長実房英俊(ちょうじつぼうえいしゅん)による記述が最も多く、英俊が主著者と見なされています。

背景 歴代院主の日記を引き継ぐ

大和国(やまと)(現在の奈良県)の興福寺は、8世紀初めに創建された法相宗(ほっそう)の大本山です。室町時代の大和国には守護が存在せず、興福寺が事実上の国主でした。

英俊は大和国の豪族である十市(とおち)氏の出身で、11歳の時に興

福寺の仏門に入ったと伝わります。ひとくちに僧侶といってもさまざまな役職があり、寺院の管理や雑務を担う僧侶は堂衆や行人と呼ばれます。一方で、祈禱(きとう)や仏教の研究などを行う僧侶は学僧や学侶(がくりょ)と呼ばれ、英俊もその１人でした。

英俊が多聞院の院主となったのは1547(天文(てんぶん)16)年以降ですが、『多聞院日記』における英俊の記述は、それよりも早い1534(天文３)年から見られます。歴代の院主による執筆は、1467(応仁元)～77(文明９)年に起こった応仁の乱のころから行われており、英俊も先達にならって当時の出来事をつづるようになるのです。

注目 秀吉は将軍になれなかったのか

歴史学において日記や書状は一次史料と見なされており、『多聞院日記』は後世の文献の真偽を確かめる際の重要史料として用いられています。

たとえば、松永久秀は、三好三人衆との合戦で東大寺大仏殿を焼き払い、このことが今日まで流布される悪名の原因の一つとなってきました。

しかし『多聞院日記』では、大仏殿の炎上は久秀の意図的な放火ではなく、単なる失火が原因であると記述されており、ルイス・フロイスの『日本史』に至っては、三好三人衆陣営にいたキリシタン兵士の犯行としています。大和国の支配をねらう久秀は興福寺にとって敵であり、英俊がかばう義理はありません。現在では、大仏殿の炎上は久秀の犯行ではないとする見方が主流となっています。

また豊臣秀吉に関しても、後世に広まった俗説とは異なる内容が『多聞院日記』には記されています。

江戸時代前期の儒学者である林羅山(道春)が著した『豊臣秀吉譜』では、征夷大将軍の座を望んだ秀吉が、室町幕府の元15代将軍・足利義昭の養子になろうとするも断られた逸話が紹介されています。この俗説の背景には、鎌倉・室町幕府の創設者がいずれも清和源氏の流れをくんでいることが関係しています。ただ、かつて織田信長は桓武平氏の後裔であるにもかかわらず、征夷大将軍・太政大臣・関白のいずれかに就くことを朝廷から勧められていることからもわかるように、源氏でなければ征夷大将軍になれないことはありません。

そして『多聞院日記』の「天正十二(1584)年十月十六日条」には、秀吉も正親町天皇から征夷大将軍への就任を勧められていたらしい(風聞・噂話レベル)と記されています。つまり、秀吉は将軍になれなかったのではなく、就任を打診されたうえで断った可能性があるのです。

翌年、秀吉は征夷大将軍より高位の関白、さらに次の年には太政大臣にも就任しています。秀吉が将軍職を望みながら果たせなかったとする説は、徳川家康のブレーンでもあった羅山が、家康との対比で秀吉を貶(おとし)めるためにねつ造したと考えられています(とはいえ関白や太政大臣は文官で、武官としての将軍の価値はまた別ではある)。

影響 味噌や醤油の製法も記載

もちろん、『多聞院日記』に書かれているすべての内容が正しいわけではありません。英俊は真偽不明の情報も日記につづっており、秀吉の将軍就任の打診も、あくまでも当時の噂話にすぎません。

ただし、英俊は事実と異なる記述に対しては、のちに「嘘である」と訂正しています。こうした真摯(しんし)な姿勢も、同書が**中世史研究の基本史料**とされている理由といえるでしょう。

さらなる特徴としては、歴史的事件だけでなく、庶民の生活についても記述している点が挙げられます。

英俊は、同族の十市氏が合戦に参加する際に食糧などを調達しており、本書には醤油(しょうゆ)や味噌(みそ)、酒の製法が記されています。それまでの「醤(ひしお)」、あるいは「漿醤(しょうゆ)」に代わり、「醤油」という言葉が使われるのは『多聞院日記』からで、日本における大豆発酵食品の歴史を探るうえでも、同書は貴重な史料となっています。

伊藤先生のひと言メモ

大学受験の日本史では、織田信長の大和国での指出検地(さしだしけんち)(当時一般的だった自己申告系の検地)の史料で稀(まれ)に出てきますが難問。重要史料にもかかわらず、学習参考書で『多聞院日記』の名称を書くと「重箱の隅をつつくな」「受験は日本史だけじゃない」などと批判されるので、今回は気が楽……。

三河物語

みかわものがたり

“天下のご意見番”が子孫に遺した家訓

作 大久保忠教	年 江戸時代前期
数 3巻	分 歴史書(軍記物語を意識)

概要 松平・徳川家(とくに家康)と大久保家の事績

徳川家康に長年仕えた旗本の大久保忠教は、「彦左衛門」の通称と「天下のご意見番」として広く知られています。『**三河物語**』は忠教が著した書物で、家康を中心とした松平・徳川家の歴史と、大久保家歴代の事績がつづられています。

全3巻で構成され、上巻は(松平家始祖という建前の)清和源氏の由来にはじまり、初代・松平親氏から8代目である家康の父・広忠まで、中巻は家康の人質時代から織田信長との清洲同盟の成立を経て、信長の比叡山延暦寺の焼き討ちまでが記されています。下巻は武田家との抗争から本能寺の変、豊臣秀吉への臣従を経て、関ヶ原の戦いでの勝利、大坂夏の陣までが記されています。後半には忠教の子孫に向けた教訓も記されており、下巻は分量が多くなっています。

背景 泰平の世で没落していく大久保家

大久保彦左衛門忠教は、1560年に三河国(現在の愛知県東

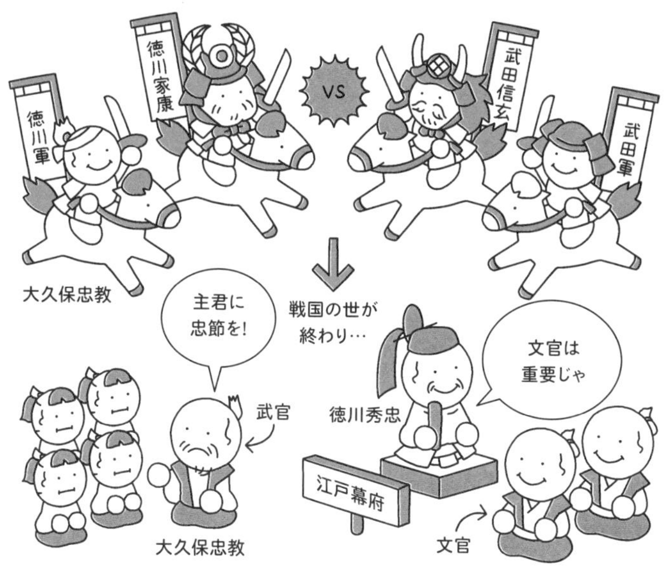

部)で生まれました。父の忠員は家康の祖父・松平清康から３代にわたり松平家・徳川家に仕えた重臣です。忠教の長兄・忠世は「徳川十六神将」に数えられ、次兄の忠佐も戦場で活躍し、ともに江戸幕府の成立後は譜代大名となっています。

彼らの異母弟にあたる忠教も、少年時代から松平(徳川)家に仕え、初陣以降は家康の合戦のほとんどに参加しています。いわゆる武断派の武将(武官・番方)の１人であり、戦場における槍働きで家康の信任を得ていきました。

三河時代からの譜代の家臣として家康の覇業に大きく貢献した大久保一族ですが、泰平の世となれば、戦場での勇猛さは無用の長物です。徳川政権下では、外様の名門大名や行政手腕に長けた文吏派の武将(文官・役方)たちが幅を利かせるようになり、大久保家は没落の一途をたどっていきました。

忠佐には跡継ぎがなく、死後に沼津藩２万石を収公されており、忠世の子で小田原藩６万５千石の大名だった忠隣は、謀反の嫌疑をかけられ改易されました。

代わりに一家の惣領となった忠教も、1000石取りの旗本(のち2000石に加増)にしかなれませんでした。『三河物語』は、そうした不遇のなかで書かれました。

注目 “主君を裏切る者が出世している”

「ご主君様は譜代の家臣の家筋さえご存じなく、家臣たちも、長年の働きがわからなくなっている。子どもなら、なおさらその辺りの事情を知るわけがないので、私はここに記すことにする。他家のことは書いていないので、門外不出である。皆様方も自分の家の忠節、活躍、家筋を書き記して子や孫に譲られるとよいだろう」

これは『三河物語』の前書きにある一節の要約です。「門外不出」としながら、実際には多くの諸本が存在し、しかも忠教の存命中から原稿は書き写されていました。「皆」という言葉からもわかるように、家中以外の者にも読まれる前提で執筆したことは間違いないでしょう。

本書では大半にわたって家康の活躍が描かれており、側に仕えていた忠教の筆でつづられる人物像や合戦の描写は、虚飾や誇張を考慮に入れても、真に迫るものがあります。

ただし、本書で最も注目すべきは下巻の後半です。忠教は「子どもたちよ、よく聞け」の言葉に続けて、大久保家のこれまでの忠節、子孫たちが心掛けるべき振る舞いをつづっており、その**教訓**こそ『三河物語』の本分といえます。

とくに「主君を裏切る者や卑劣な行いをする者が出世し、主君に忠義を尽くす者や武勇を尽くす者は出世しない」というくだりは、自虐であるのと同時に、計算高い家臣や新参の外様が優遇され、歴戦・古参の譜代衆が不遇であると述べています。つまり、当時の徳川家に対する痛烈な皮肉です。

それでも忠教は、「飢え死にしたとしても主君を裏切るようなことをしてはならない」と、子孫たちに忠義を説きます。重要なのは、富でも命でもなく名誉であり、その思いは「人は一代、名は末代」の言葉に集約されているといえます。

影響 恵まれない境遇の武士を勇気づける

多くの人たちが忠教からイメージするのは、やはり「天下のご意見番」としての姿でしょう。旗本が駕籠に乗って登城することを禁じた幕府への当てつけとして、大だらいに乗って登城し、相手が将軍であっても歯に衣着せぬ物言いをする。時代劇でおなじみのシーンです。

『三河物語』の忠教は、時には家康と激しい口論を交わしています。そうした逸話がご意見番としての忠教像を形成していきました。実録本の『大久保武蔵鐙』では、一心太助という快男児のキャラクターも生み出され、２人の活躍を描いた歌舞伎や人形浄瑠璃、講談の演目は人気を博しました。

『三河物語』は印刷本としては刊行されず、写本のみで伝えられましたが、多くの武士が愛読していたと見られています。反骨精神あふれる貧乏旗本の忠教は、同じような境遇の武士を勇気づける存在だったのです。

伊藤先生のひと言メモ

『三河物語』は大久保彦左衛門の自叙伝ではなく、あくまで子孫を教戒するために書かれた家訓書。平和な時代になり、「武」で生きてきた者が「文」に切り替えることはままならない。率直な物言いと、それでも主君への義を失わない誠実さ。彦左衛門の魅力を集約した本書は、今も圧倒的な輝きを放ち、読者をつかんで離さない。快著！

慶長遣欧使節関連資料

けいちょうけんおうしせつかんれんしりょう

17世紀前半のヨーロッパから もたらされた貴重な文物

作 不詳	年 17世紀前半
数 不明	分 古文書など

背景 伊達政宗が欧州に送った使節団

江戸時代初期の1613(慶長18)年、仙台藩主・**伊達政宗**は、フランシスコ会の宣教師ルイス・ソテロを正使、家臣の**支倉常長**(はせくらつねなが)を副使とする使節団をヨーロッパ(スペインとローマ)に送りました。これを、**慶長遣欧使節**といいます。政宗の目的はスペイン領メキシコ(ノヴィスパン)との直接貿易を行うための通商交渉だったのですが、この年、幕府が全国でキリスト教を禁止したこともあり、成功しませんでした。

ただし、7年後の1620(元和(げんな)6)年に使節団がヨーロッパから持ち帰った文物は、仙台藩で大切に保管されました。それらは現在「**慶長遣欧使節関連資料**」と総称されています。

概要 ローマ市公民権証書や肖像画

慶長遣欧使節関連資料は、支倉常長が受けたローマ市公民権証書や常長・ローマ教皇パウロ5世の油彩(ゆさい)肖像画、十字架、祭服、祭具など多岐におよびます。

影響 ユネスコの「世界の記憶」に登録される

これらは、明治時代に入ると民間に一旦流出しましたが、1964（昭和39）年に仙台市の所有となり、国宝に指定されました。さらに、2013（平成25）年には、ユネスコの「世界の記憶」に登録されました。

伊藤先生のひと言メモ

よく「世界記憶遺産」と言う人がいるのですが、世界遺産じゃないです（日本は文化20、自然５の計25が登録）。ユネスコのHPに「Memory of the World」とあり、確かに「世界の記憶」です。フィーチャー（特徴づける）をフューチャー（未来）、一段落（いち）をひと段落と言った瞬間「あ、この人ハリボテだ……」とバレるのと同じで、ご注意を。

本朝通鑑

ほんちょうつがん

朱子学の「林家」親子が著した幕府公式の通史

作 林羅山(道春) 林鵞峰(春斎)	年 1670(寛文10)年
数 326巻	分 歴史書

概要 親子2代で書き継いだ歴代天皇の治世

『本朝通鑑』は、江戸時代前期の儒学者(朱子学者)である**林羅山(道春)**と、**林家**を継いだ三男の**林鵞峰(春斎)**が編纂した**編年体の歴史書**です。神代(神話時代)を記述した前編が3巻、初代・神武天皇から宇多天皇までの正編が40巻、醍醐天皇から後陽成天皇までの続編が230巻、これに提要30巻と付録5巻、国史館日録18巻を加えた326巻で構成されます。

このうち、父の羅山が編纂した正編は『本朝編年録』とも呼ばれ、1644(正保元)年に3代将軍・徳川家光に献上されています。1657(明暦3)年の羅山の死で、編纂作業は一時凍結されましたが、4代将軍・家綱が再開し、子の鵞峰に引き継がれ、『本朝通鑑』として1670(寛文10)年に完成しました。

背景 長く存在しなかった日本の通史

初代から4代将軍のブレーンとして知られる林羅山は1583(天正11)年、京都で生まれました。父は加賀国(現在の石川

県南部)の浪人であったと伝わり、羅山は伯父(おじ)のもとに養子に出されました。

幼少期から英明で知られていた羅山は、建仁寺(けんにん)で仏教を学んだのち、21歳で高名な朱子学者でもあった相国寺(しょうこく)の禅僧・**藤原惺窩**(せいか)の門人となりました。そして翌年、師の推挙を受けて徳川家康に仕官します。以降は若いながらも大御所である家康の知恵袋を務め、1614(慶長19)年の大坂冬の陣の発端となった「方広寺鐘銘問題」(ほうこうじしょうめい)の際に、鐘銘文を家康に対する呪詛(じゅそ)と解釈したのは羅山でした。

家康や2代将軍・秀忠の死後は、3代将軍・家光の侍講(じこう)(君主に学問を教える講師)となり、その命を受けて『本朝編年録』の編纂が始まりました。幕府が修史事業に力を入れていたのは、日本には延喜(えんぎ)年間(901〜923年)の『日本三代実録(=六国史(りっこくし)の最後)』以降、通史を記述した公的な書物がなかったことが背景にあります。

注目 事実のみを客観的に記す

京学派の朱子学者であった羅山は、史書の編纂にあたり、中国王朝の北宋の政治家だった司馬光が著した**『資治通鑑』**と、それに批判を加えた南宋の儒学者・朱熹(朱子)が著した『資治通鑑綱目』を手本としました。

『資治通鑑』は、君主の治世を「徳」という倫理観にもとづいて説明し、『資治通鑑綱目』は、「大義名分」(君臣の身分をわきまえること)を強調しているところに特色があります。

羅山はこの二つの思想にもとづいて歴史の変遷を説明しようとしましたが、王朝の交代がくり返されてきた中国と、皇族の下で武家の政権交代が行われてきた日本では、当然事情が異なります。したがって羅山の『本朝編年録』では、大義名分論にもとづく解釈は避けられ、事実のみを客観的に記す方針が取られました。

この方針は、羅山の死後に編纂を引き継いだ子の鵞峰も踏襲しています。当時は水戸藩主・徳川光圀の主導で『大日本史』(248ページ参照)の編纂も行われていましたが、『大日本史』と『本朝通鑑』では「三大特筆」に関する見解が異なります。

三大特筆とは、『大日本史』を特徴づける三つの歴史認識のことで、「神功皇后を帝紀に列しない」「大友皇子の皇位を認める」「南朝を正統とする」のが『大日本史』の立場です。

一方の『本朝通鑑』は次の立場を取っています。神功皇后に関しては、皇族についてみだりに議論することを避けるという理由で、『日本書紀』と同じく帝紀に列しています。大友皇子についても、旧来の扱いを変更することに憚りがあるとして正統と認めながらも、歴代天皇として数えていません。そして南朝と北朝の正統性をめぐる問題では、両朝の年号を並記し、正閏(正統と傍流)の判断をあいまいにしています。

このように『本朝通鑑』は、**歴史認識の争点に対して明確な立場を表明しておらず**、今日において同書が『大日本史』よりも低く評価されている要因となっています。

影響 水戸光圀を刺激した『本朝通鑑』

ただし、『本朝通鑑』で示された歴史観は、あくまでも幕府御用学者としての林家の立場を反映したものであり、とくに鵞峰個人は徳川光圀に近い歴史観をもっていました。

一説に、光圀は『本朝通鑑』に「天皇の祖先は中国・呉(ご)の太伯(たいはく)である」と記されていたことに激怒し、それが『大日本史』編纂の契機になったとされています。しかし、現行の『本朝通鑑』に該当する記述はなく、むしろ鵞峰は太伯説を採用しないことを本書で明言しており、そのような事実はなかったと見られています。

ただし、『本朝通鑑』が光圀を刺激したのは事実といえます。鵞峰と光圀は、同書の編纂が再開されたのちに水戸藩邸で意見を交換しており、その際に光圀は国史館(『本朝通鑑』の編纂所)を見学させてほしいと頼んでいます。光圀による『大日本史』の編纂が加速するのはまさにその直後であり、2人は切磋琢磨(せっさたくま)しながら史書づくりにまい進していったのです。

伊藤先生のひと言メモ

儒学は、①朱子学、②陽明学、③古学、④折衷(せっちゅう)学、⑤考証学の5つに分かれます。さらに朱子学には藤原惺窩(せいか)を祖とする京学派と南村梅軒(みなみむらばいけん)・谷時中(たにじちゅう)を祖とする南学派があります。林羅山は京学派の幕府御用学者で、身分差を正統化する「上下定分の理」を唱え、幕藩体制の秩序確立に貢献しました。日本史のみならず倫理科目でも有名人！

はがくれ

佐賀藩士に受け継がれ
武士道に影響を与えた書

作 山本常朝、田代陣基	年 江戸時代中期
数 11巻	分 思想書

概要 “武士道とは死ぬ事と見つけたり”

「**武士道と云うは、死ぬ事と見つけたり**」の一文で知られる『**葉隠**』は、江戸時代中期の**佐賀藩（肥前藩）の藩士・山本常朝**の口述を、同じ佐賀藩士の田代陣基がまとめたものです。

全11巻からなり、１～２巻は「夜陰の閑談」と呼ばれる序文と佐賀藩士に向けた教訓、３～５巻は藩祖（初代藩主・鍋島勝茂の父）・直茂から３代藩主・綱茂までの事績と言行、６～９巻は佐賀藩士にまつわる逸話、10巻は他国の武将の逸話、11巻は本書全体の補足が記されています。

背景 山鹿素行の士道を批判

山本常朝は1659（万治２）年の生まれで、２代藩主・鍋島光茂の家臣として御書物役（文献の収集・整理などを行う役職）などを務めていました。1700（元禄13）年に光茂が死去すると常朝はあとを追って自害しようとしましたが、生前の光茂は幕府に先駆けて藩内に殉死禁止令を出しており、常朝は髪を

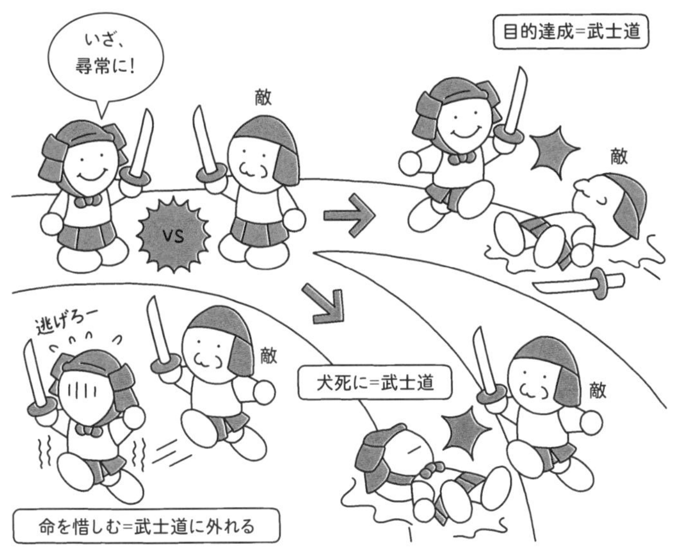

剃(そ)って隠居しました。

1710(宝永7)年、常朝は隠居先を訪ねてきた19歳年下の田代陣基に、自身や佐賀藩がこれまでたどってきた道を語り始めます。その後、7年の歳月をかけて『葉隠』は完成しました。

冒頭の一文からもわかるように、『葉隠』では常朝にとっての「武士道」がつづられています。江戸時代中期を代表する武士道の論者としては、高名な軍学者であり、古学というジャンルの創始者として「聖学」を唱えた儒学者でもある**山鹿素行(やまがそこう)**が広く知られていました。『葉隠』では素行が説いた儒教的な武士道を批判しています。

素行の武士道は「**士道**」とも呼ばれ、武士の職分を定めたところに特色があります。農工商の三民とは違い、武士は生産・製造・売買をしません。そこで素行は、忠孝という儒教思想にもとづく道徳を三民に教える倫理的指導者「**三民の師**」としての自覚と責任を武士に課しました。そこから浮かびあがる武士像は、戦国時代の武士と比べて理性的であり合理的です。

注目 武士道は“死狂い”あるのみ

一方の『葉隠』に記される武士道も、根底にあるのは忠義心ですが、より中世に近い武士の姿が説かれています。「武士道と云うは、死ぬ事と見つけたり」に続く本文を意訳すると、次のようになります。

「生か死か、二つに一つの時は死ねばよい。目的を達成せずに死ぬのは犬死にだ、などというのは上方(京都・大坂)風の軽薄な考えだ。生か死か、切羽詰まった状況で、確実に目的が果たせるか判断できるわけがない。

人間は誰でも、死ぬより生きたいものだ。だが、死ぬべき時に命を惜しむのは腰抜けだ。目的を達成せずに死ぬのは犬死にだが恥ではない。これが武士道に生きる男である。

日々、死について思いを馳せていれば、武士道の覚悟が身につき、武士の務めを果たすことができる」

ここでいう「上方風の軽薄な考え」が儒教的な武士道であり、その合理性、いわば計算高さは、常朝の武士道とは相容れないものでした。常朝の口述が始まる8年前には、素行が赤穂藩で直接指導した大石良雄(内蔵助)ら赤穂浪士による吉良邸討ち入りが起こっていますが、『葉隠』では「時間がかかり過ぎた。事を成し遂げる前に仇が病死したらどうするのだ」と、赤穂浪士たちに向けた批判も展開されています。

常朝が提唱した、無分別とも呼べる武士道は「死狂い」という言葉でも表され、「武士道とは死狂いであり、1人に数十人でかかっても倒せないことがあると、直茂公は仰られた。正気では大きなことをなし遂げることができない。武士道においては忠も孝も必要なく、ただ死狂いあるのみ。そのなかに忠孝は自然と宿るものである」と記しています。

『葉隠』は“生の指南書”

これまでに引用した内容からわかるように、『葉隠』は過激な表現が使われているものの、説かれていることはあくまで武士の気構えであり、生き方です。

しかし満洲事変や大東亜戦争戦中は、主君のためなら命を惜しまない武士の姿勢が軍部のプロパガンダに利用され、第一次上海（シャンハイ）事変（1932年）の際に爆弾を抱えて敵陣に突入した爆弾三勇士、あるいは戦争末期の神風特別攻撃隊（特攻隊）や人間魚雷などが『葉隠』を根拠に美化されました。

こうした極端な解釈は戦後に改められます。戦時中に『葉隠』を読んだ作家の三島由紀夫は、一見すると死を奨励（しょうれい）するような本書が、じつは生の輝きを説く書物であると看破し、1967（昭和42）年に『葉隠入門』を著しました。

『葉隠』を「生の指南書」とするとらえ方は今日でも主流となっており、常朝の言葉を引用したビジネス書や自己啓発本などが多数刊行されています。江戸時代の武士は組織人であり、現代のビジネスパーソンに通じるものがあります。『葉隠』は現代社会を生きるためのヒントを与えてくれる書物として注目されています。

伊藤先生のひと言メモ

「ワーク・ライフ・バランス」が声高に叫ばれるようになり、心中・殉職（じゅんしょく）するような覚悟で仕事をする人が減りました。カネ・コネの両面で実家が太くない限り、若い時にハードワークをしていた人だけが成功している現状を見れば、成功者たちが後継が続かないように仕掛けた策略のようにも思えてきます……。

聖教要録

せいきょうようろく

軍学者・山鹿素行による朱子学に対する批判書

作 山鹿素行	年 1665（寛文５）年
数 ３巻	分 思想書

概要 素行の講義録から中核部分を抜粋

儒学の一派である朱子学は、江戸時代には幕府の官学として採用されていました。江戸時代前期の軍学者・**山鹿素行**も当初は朱子学を学びました。しかし、朱子学の実践に欠ける側面や抽象性を批判し、初めて**古学**（こがく）を提唱（「聖学」と名づける）しました。古学とは、仏教・道教（老荘（ろうそう）思想）の影響を受けた儒学（後世に現れた朱子学・陽明（ようめい）学など）を批判し、「**孔子・孟子の原典やそれ以前の思想に帰るべき**」と説く学問です。

『**聖教要録**』は、素行が門人に向けて行った講義の記録である『山鹿語類』の中核部分を抜き出して編纂（へんさん）された思想書で、「聖教」は儒学を意味します。同書では儒学の教義を「道」「理」「性」「徳」「仁」など28の項目に分けて説明し、朱子学への批判も展開されています。

背景 幕府に好都合な「理気二元論」

素行は1622（元和（げんな）８）年に陸奥（むつ）国会津（現在の福島県会津若

松市)の浪人の家に生まれました。8歳の時から、幕府の大学頭である林羅山(道春)のもとで朱子学を学び、小幡景憲や北条氏長といった軍学者から甲州流軍学も学びました。

秀才との呼び声が高かった素行は、1652(承応元)年に播磨国(現在の兵庫県南西部)**赤穂藩**浅野家の江戸屋敷に召し抱えられます。**山鹿流軍学**を完成させたのちは、引き続き諸学の研究に没頭し、40歳を超えたころから朱子学に疑問をもつようになったと見られています。

ここで改めて儒教、儒学、朱子学の違いを説明しましょう。儒教を体系的に理解するための学問が儒学です。儒教は紀元前6世紀生まれの思想家である孔子が興した思想で、人間が守るべき徳目として「仁・義・礼・智・信」の「五常」を定めました。なかでも最高の徳として重視されたのは、他者への思いやりを意味する「仁」であり、仁愛をもって民衆を統治する「王道」は、力で支配する「覇道」に勝るとされました。

こうした儒教の教えは、最も徳が高いとされる君子が国を統治する根拠となりましたが、天地など万物が宇宙に存在する理由については、十分な説明がなされていませんでした。

そこで12世紀後半、**南宋**（なんそう）の**朱熹**（しゅき）**(朱子)**は、当時、宋学と呼ばれていた儒学を大成して**朱子学**を提唱しました。

朱子学には「**理気二元論**」という考え方があり、「**理**」は万物がこの世に存在する宇宙の原理を、「**気**」は万物を構成する物質的要素を意味します。理気二元論では、世の中のあらゆる事象が「理」に則（のっと）っているとされ、君子と民衆の間に位置する「士大夫」（したいふ）（官僚や地主などの支配層）の存在も肯定（こうてい）します。これは天皇のもとで封建制度を敷く江戸幕府にとっては、非常に都合のいい思想でした。

注目 人を誤らせる者は天下の大罪人

この朱子学を素行も学んでいましたが、万物の起源を同一とする考え方に疑問を抱きます。武士には武士、町人には町人、農民には農民の「理」があり、それぞれの階層に位置する人々の欲望や自然性を無視する朱子学は、極めて抽象的であり、実践性にとぼしいと考えたのです。

「聖人ははるかに遠く、その言葉はしだいに不明になり、漢・唐・宋・明の学者は世を欺（あざむ）き、嘘を積み重ねてきた。人を誤らせる者は天下の大罪人である。（中略）私は周公（しゅうこう）と孔子を師とし、漢・唐・宋・明の儒学者を師としない」

『聖教要録』の序文にあるこの一節は、過去の朱子学者や陽明学者に対する痛烈な批判であるのと同時に、儒教を学ぶ際の自身の姿勢を明確にしています。つまり素行は、後世の学者が書いた注釈書に頼るのではなく、**孔子ら聖人と呼ばれる思想家が著した原典**から、儒教を学び直そうとしたのです。

素行の「聖学」のように朱子学を批判した儒学者の流派を

「古学」と呼び、のちに伊藤仁斎の「古義学派(堀川学派)」、荻生徂徠の「古文辞学派(蘐園学派)」などが派生しています。

影響 乃木希典の座右の書『中朝事実』

素行が批判の対象としたのはあくまでも朱子学であり、幕府そのものを批判したわけではありません。しかし、幕府は『聖教要録』を「不届きな書物」と断じ、素行を赤穂の地に幽閉しました。

同地で素行は**『武家事紀』**などいくつかの書物を書きあげており、なかでも**『中朝事実』**では中国との比較で日本の皇統の優れている点がつづられています。中国では王朝がたびたび交代していますが、日本の皇統は万世一系であり、過去に途絶えたことがありません。これは天皇の徳が優れているからであり、素行は日本こそ「中華」であると説きました。

この主張はやがて尊王思想と結びつき、幕末の長州藩で山鹿流軍学の師範を務めていた吉田松陰は、素行を「先師」と呼んでいたと伝わります。また、明治時代の陸軍大将である乃木希典は『中朝事実』を座右の書としており、明治天皇のあとを追って自決する前に、同書を迪宮裕仁親王(のちの昭和天皇)に手渡した逸話が残ります。

伊藤先生のひと言メモ

1702(元禄15)年12月14日(15日の未明)、赤穂浪士の吉良邸への討ち入り時、素行の弟子の大石良雄(内蔵助)が「山鹿流陣太鼓」をデンデン鳴らしていたのは有名な話。素行は9年間赤穂の地へ流されて許されたのち、江戸で自伝的著作『配所残筆』を著し、多くの門人や支持者をもちました。

東寺百合文書

とうじひゃくごうもんじょ

中世の荘園制度を知るための第一級史料

作 不詳	年 18世紀
数 約２万5000通	分 書状

概要 1000年をかけて伝わった文書群

京都市にある**東寺（教王護国寺）**は、８世紀末の平安京への遷都後に創建された官立寺院です。当時、都には東寺と西寺の二つしかありませんでした。東寺は９世紀前半に嵯峨天皇から空海（弘法大師）に下賜され、紀伊国（和歌山県）高野山金剛峯寺と並ぶ真言宗の中心寺院として、18世紀までの約1000年の間に10万通もの文書が伝わってきました。

それらはまとめて「東寺文書」と呼ばれていますが、なかでも後述する**加賀藩主**の**前田綱紀**によって100個の桐箱に収められた、約２万5000通の文書を「**東寺百合文書**」と呼びます。鎌倉時代と室町時代に関する文書が多く、**中世の日本を知るうえで欠かせない史料**となっています。

背景 保管の目的は円滑な寺院運営

平安京への遷都から２年後にあたる796（延暦15）年、都の東方を守護する目的で東寺は創建されました。

東寺は国家に平穏をもたらす「鎮護国家」の役割のもと、古代には「現世利益（げんぜりやく）」を求める皇族・貴族、中世には武士や庶民の信仰も集めていた非常に重要な寺院であり、収められている文書の内容もその経営に関するものが大半です。

当時の僧侶らの主な仕事は仏事・法会の運営や加持祈禱（かじきとう）などで、詳細は僧侶らの会議によって決定されていました。東寺百合文書にある「引付（ひきつけ）」はその議事録であり、「廿一口方供僧（にじゅういっくかたぐそう）評定引付」は「廿一口方」という僧侶組織での会議の記録のことです。

さらに官立寺院である東寺は朝廷や幕府との関係も深く、公家や武家との交渉を記した文書も多数伝わっています。

また、東寺は200カ所以上の荘園（私有地）を有しており、百合文書には土地所有に関する法令文書も多く残っています。寺院を円滑（えんかつ）に運営するためにも、関係する出来事を逐一（ちくいち）記録し、保管しておく必要があったと思われます。

注目 農村で起こった当時の騒動が明らかに

東寺には中世の文書が数多く伝わっていますが、鎌倉時代のものでは「永仁(えいにん)の徳政令」に関する文書がとくに有名です。当時の領地は分割相続であったため、代を重ねるうちに荘園は細分化し、地頭という領主化した管理人・徴税人を務める武家は困窮していました。所領を質入れする者も多く、その返還をめぐる裁判は債権者、債務者の双方が疲弊する原因の一つとなっていました。

東寺に伝わる1297(永仁５)年の「関東御事書(おことがき)の法」によれば、永仁の徳政令によって鎌倉幕府御家人の所領の質入れ・売却が禁止され、すでに質入れ・売却された土地に関しては、元の所有者に無償で返還することがとり決められました。

また、荘園では役人と農民の衝突もたびたび起きており、室町時代の1463(寛正４)年に備中(びっちゅう)国(現在の岡山県南西部)の新見荘(にいみのしょう)で発生した代官殺害事件が、「たまがき」という女性の書状で明らかになっています。この「たまがき書状」は中世ではめずらしい農村女性の直筆で、東寺百合文書の歴史的価値の高さを裏づけているといえるでしょう。

文書だけでなく絵図面が多く伝わっているのも東寺百合文書の特徴です。1495(明応４)年には桂川(かつらがわ)用水の使用をめぐって山城(やましろ)国(現在の京都府南部)の複数の集落が争いますが、それぞれの位置関係を記し、裁判にも提出された絵図面の控えが現存しています。東寺百合文書は寺院や公家・武家だけでなく、当時の農村社会の様子も如実に伝えているのです。

影響 ユネスコも認めた歴史的価値

土地所有の仕組みは時代とともに移り変わっていき、江戸時代に入ると、東寺に収められた過去の法令や裁判記録は実例集としての実用性を失い、純粋に学問として当時を研究するための史料となっていきます。

冒頭でも触れた、17世紀後半〜18世紀前半の加賀藩４代藩主（藩祖・前田利家(としいえ)を含めると前田家５代目）の綱紀は、大の学問好きであり、全国各地の書物を家臣に集めさせていました。東寺からも文書を拝借し、その書写や目録づくりに勤(いそ)しんだそうです。借りた文書を東寺に返却する際には、お礼として**100個の桐箱を寄贈**しました。東寺百合文書の特徴の一つである保存状態の良さは綱紀のおかげといえます。

東寺に伝わった約10万通の文書のうち、約２万5000通の百合文書は京都府に売却され、現在は府立資料館の「京都学・歴彩館」に保管されています。東寺が保管していた時代は原則非公開でしたが、現在はこの資料館が運営する「東寺百合文書WEB」にて原本を画像で閲覧することが可能です。**中世史の研究者にとって欠かすことのできない第一級史料**が、その場で自由に閲覧できるのです。

歴史的価値の高さは、国はもとより世界からも認められ、1997（平成９）年には国宝、2015（平成27）年には**ユネスコ「世界の記憶」に登録**されています。

伊藤先生のひと言メモ

「百合文書」を「ゆり」と読んでしまい、女子どうしのイチャイチャを妄想(もうそう)してドキドキする高校生が、例年１割ほど存在します。授業では「ゆりと違うからな」と一言添えるようにしており、それがかえって萌えを助長、結果的にアンケート評価が上がっており、私も助かってます。ユネスコもおどろく隠れた評価ポイント！

農業全書

のうぎょうぜんしょ

当時の農作物を網羅した
“農業のガイドブック”

作 宮崎安貞・貝原楽軒	年 1697(元禄10)年
数 11巻	分 農書

概要 日本の風土に合った農業の知識を記述

『**農業全書**』は印刷本として刊行された**日本初の農書**で、全11巻からなります。1巻の「農事総論」では、畑の耕し方や除草の方法など、農作物の品種を問わず必要となる知識が説明され、2～10巻は品種個別の性質や栽培方法などが豊富な挿絵とともに記されています。

主要部分である1～10巻の作者は農学者の**宮崎安貞**です。その中身は、中国・**明代**の学者である**徐光啓**が著した農書『**農政全書**』を手本とし、諸国遊歴で得た知見と自身の農業経験をもとに、日本の風土に合った農業の知識と技術が体系的に記述されています。**序文は『養生訓』『大和本草』などで知られる本草学者の貝原益軒が執筆**し、補足などを記した11巻は、益軒の兄で同じく本草学者の貝原楽軒の筆によるものです。

背景 生産が奨励されていた商品作物

安貞は1623(元和９)年に広島藩士・宮崎儀右衛門の二男と

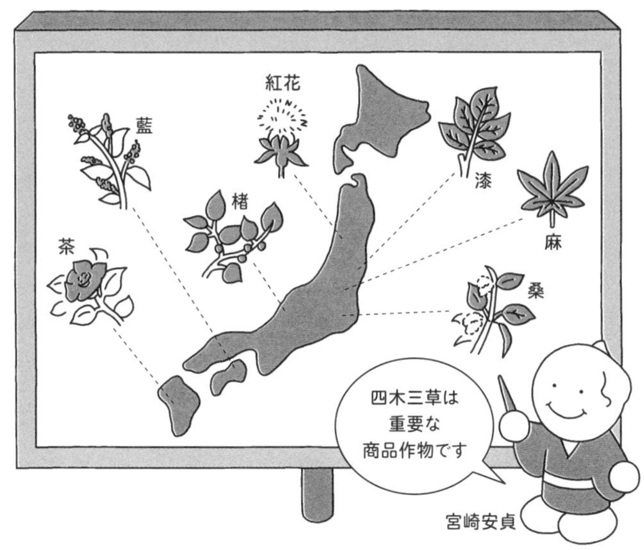

して生まれました。儀右衛門は広島藩の山林奉行を務めており、安貞も幼いころは父に連れられて山歩きをしていました。

成長した安貞は福岡藩に仕官しましたが、30歳のころに武士の身分を捨ててしまいます。理由はわかっていません。

牢人となった安貞は九州や畿内などを旅し、農業に関する知見を蓄えました。その後は福岡の女原（みょうばる）村（現在の福岡市西区）に居を構え、以降の人生を農業に捧げることとなります。その際、安貞は本草学者の貝原益軒からも農業の教えを受けています。本草学は、現代の薬学にあたる中国発祥の博物学のことで、薬草の栽培など農業との関係も深い学問です。安貞は益軒とその兄である楽軒の支援を得て、『農業全書』を出版するのです。

17世紀後半の日本は貨幣経済の進展期にあたります。農村（地方（じかた））では「**自給自足経済**」という従来の枠組が終わりを迎え、農民たちも都市（町方（まちかた））の「**商品貨幣経済**」の枠組に組み込まれていきます。備中鍬・千歯扱・唐箕・千石簁などの改良された新農具や、干鰯・〆粕・油粕などの新肥料(＝金肥)を買うのに貨幣が必要だったのです。

加えて当時は農業生産力が向上しており、ゆとりが生まれた農村では、自分たちで消費する以外の商品作物の生産も行われるようになりました。

しかし、幕府は1643(寛永20)年に田畑勝手作の禁(作付制限令)を出し、本田畑における**五穀(米・麦・黍・粟・豆)**以外の商品作物栽培を禁止していました。背景にあるのは米を重視する農本主義思想と、土地をもっている本百姓体制の維持です。

この法令は各藩からの反発が大きく、その傘の下で実際には農民たちも無視することが多かったそうです。見方を変えれば、それほどまでに商品作物の需要は高かったのです。

注目 農村だけでなく藩や全国も豊かにしたい

高値で取引される優良種を生産するためには、相応の知識と技術が必要であり、『農業全書』はそのニーズに応える内容となっています。

当時の主食であった五穀の説明は２巻のみに留まり、３巻～10巻は商品作物の説明です。なかでも、**四木三草**(楮・桑・茶・漆の**四木**と紅花・藍・麻の**三草**)は各藩にとって重要な収入源です。その効率的な生産方法を記した本書からは、農村だけでなく藩や日本全国も豊かにしようとしていた安貞の意図がうかがえます。

各品種の説明はどれも具体的で実用的です。たとえば、漢方薬に用いられる「山薬」(ナガイモを細く切って乾燥させたもの)については、「鉄の刃物を用いずに長さ３寸ほどに切り、米粉を振りかけてかき混ぜる。それを糸でつないで竿にかけて干す。棚か筵で干してもよい」と解説されています。

影響　一日も欠かすことのできない書

1697（元禄10）年に木版印刷で刊行された『農業全書』はたちまちベストセラーとなり、前水戸藩主・徳川光圀（水戸黄門）も「一日も欠かすことのできない書」と絶賛したと伝わっています。

本書以前にも、農書としての記述を含む軍記物語の『**清良記**』、それに続く『百姓伝記』『会津農書』といった農書がありましたが、これらは地域限定の書物であり、全国で活用できるという点では『農業全書』が群を抜きます。以降、『耕稼春秋』など本書に影響を受けた農書が相次いで著されました。

『農業全書』は版を重ね、明治時代まで人々に読まれました。ただし、安貞は初版が刊行された年に75歳でこの世を去っており、その後の反響を知ることはできませんでした。

19世紀に入ってからは、**大蔵永常**の農書『**農具便利論**』『除蝗録』『**広益国産考**』、**佐藤信淵**の農政書『**農政本論**』が注目を集め、安貞を含めたこの３人は「江戸時代の**三大農学者**」と呼ばれています。

伊藤先生のひと言メモ

テストのポイントも満載の本書。農業は、地味だからこそ単なる歴史好きではなく「ちゃんと勉強してるか」を問うのに便利な単元なんです。それにしても、国の基本は農業であり土地である、という「農本主義」の江戸時代。コロナ禍でボーダーレスからボーダー社会に逆走している感もある、現代の日本が学べることは多いかと。

塵劫記・発微算法

じんこうき・はつびさんぽう

和算のレベルを飛躍させた異能学者たちによる書

作 吉田光由(塵劫記) 関孝和(発微算法)	年 1627(寛永４)年(塵劫記) 1674(延宝２)年(発微算法)
数 ４巻(塵劫記) １巻(発微算法)	分 数学書

概要 日本独自の数学“和算”

私たちが学校で習った算数や数学は、明治時代に導入された西洋数学がベースになっています。当然のことながら、それ以前の日本にも数学はありました。なかでも江戸時代の数学は「**和算**(わさん)」と呼ばれ、算木(さんぎ)や算盤(多数の方形区画がある算木を置く盤)、そろばんなどを用いるのが特徴です。和算は**日本独自の数学**であり、その発展に大きく寄与したのが和算家の**吉田光由**(よしだみつよし)と**関孝和**(せきたかかず)です。

吉田光由の代表的な著作である『**塵劫記**』は、掛け算の九九、面積の求め方、利息の計算方法などがまとめられています。これらは日常生活で必要な数学の基礎であり、庶民に広く読まれました。

一方の**関孝和**は光由よりも50年ほどあとに活躍した和算家で、のちに“算聖”と呼ばれる天才数学者です。生涯で発表した著作は多数ありますが、なかでも『**発微算法**』は和算を世界トップレベルの数学に引き上げました。

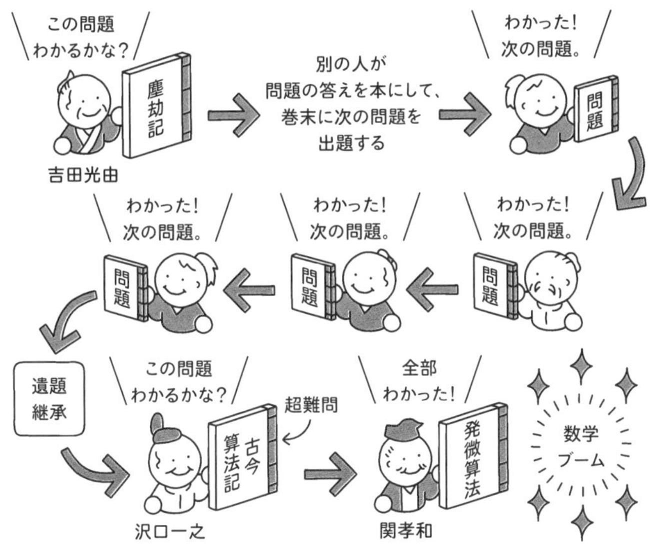

次代の数学者に向けた“挑戦状”

あまり知られていませんが、江戸時代の日本では数学が流行していました。具体的なムーブメントの一例として「**遺題継承**」が挙げられます。

当時の数学者の著書には、自分よりも若輩の数学者に向けた数学の問題を掲載しているものがあります。これはいわば著者からの“挑戦状”であり、後世の数学者たちは研鑽を重ねて答えを導き出しました。自著でその答えを発表する際には、再び次代の数学者に向けた問題を掲載します。こうしたやり取りが江戸時代を通じて行われていました。

注目 世界トップレベルの数学者・関孝和

吉田光由はこの遺題継承の創始者であり、最初の出題者です。『塵劫記』の初版は1627（寛永４）年に刊行され、1641（寛永（えい）18）年には改訂版の『新編塵劫記』が刊行されるのですが、「新編」の巻末には答えの記されていない12問の問題が掲載されていました。これには次のような意図があります。

『塵劫記』は江戸時代のベストセラーであり、「数学」の意味で塵劫という言葉が使われるほどでした。それゆえ、海賊（かいぞく）版も数多く出版されています。しかし、レベルの低い数学者が出した海賊版は内容の誤りも少なくありません。光由は自分がつくった問題を解かせることで、未熟な数学者をふるい落とそうとしたのです。結果として、この遺題継承は和算のレベルを飛躍的に高めることになりました。

時代をやや下った1671（寛文（かんぶん）11）年、15問の問題を掲載した『古今（ここん）算法記』が沢口一之（さわぐちかずゆき）によって刊行されました。一之は日本で初めて「天元術（てんげんじゅつ）」を修めた高名な数学者です。

天元術は中国で発達した代数学の解法ですが、算木や算盤では未知数や整数以外の係数を表すことができません。『古今算法記』に掲載された問題は、当時の和算では答えの出せない多変数の方程式でした。

これを解いたのが、“算聖”と称された関孝和です。孝和は算木を用いることなく、紙の上の筆算で未知数を消去する方法を編み出し、1674（延宝（えんぽう）２）年刊行の『発微算法』で発表しました。この代数方程式の解法は「傍書法（ぼうしょほう）」、あるいは「点竄術（てんざんじゅつ）」と呼ばれ、世界で最も早い時期に考案された終結式・行列式の例として高く評価されています。

また孝和は1712（正徳（しょうとく）２）年刊行の『括要算法（かつようさんぽう）』のなかで、正131072角形を用いて円周率を小数第11位まで正確に算出しています。この時の手法は、少ない計算量で正確な近似値を導き出す「エイトケンのΔ（デルタ）２乗加速法」と同じです。西洋でこの方法が考案されるのは1876年であり、孝和の数学者としての実力は、世界最高峰であったということができるのです。

影響 寺社仏閣で行われた「算額奉納」

数学者の間で行われていた遺題継承は、やがて一般庶民の間にも徐々に広まっていきます。その舞台となったのは寺社仏閣です。

市井の数学愛好者たちは、数学の難問が解けたことを神仏に感謝するために寺社を参詣（さんけい）していました。このことをきっかけに、江戸時代中期からは問題を額や絵馬に書いた**算額**を納める「算額奉納（さんがくほうのう）」が流行します。これはまさに遺題継承と同じであり、愛好者のなかにはまだ見ぬ難問を求めて全国を旅する者もいたそうです。

しかし、明治時代を迎えると、ドイツから西洋数学が導入されたことで和算は急速に廃れていきました。これは見方を変えれば、和算から西洋数学への切り替えがスムーズに行われたことを示しており、当時の日本人にとって数学がなじみ深いものであったことを裏づけています。吉田光由や関孝和の活躍がなければ、日本の自然科学分野（＝理系）の発展は、もっと遅れていたかもしれません。

伊藤先生のひと言メモ

私は英・国・社で法政の史学科に入り、25年後の再受験も同科目で早稲田の教育学科に入りました。ただ、数学から逃げ続ける人生も嫌なので、某国立の理系を受験しようと、小３の算数から始めています。勇気になるのが今回の２人。「日本人は昔から数学得意！」と自己暗示をかけつつ、“世界の共通言語”＝数学を学んでいます。

読史余論

とくしよろん

武家の視点で日本の歴史を再構築した史論書

作 新井白石	年 1712(正徳2)年
数 3巻	分 歴史書

概要 政権の変遷を独自の時代区分で説明

18世紀初め、6・7代将軍期の江戸幕府において、側用人の間部詮房(まなべあきふさ)とともに**正徳(しょうとく)の治(正徳の政治)**と呼ば間部れる政治改革を主導した儒学者が**新井白石**です。

代表作である『**読史余論**』は、平安時代以降の政権の移り変わりを独自の時代区分を用いて説明し、徳川将軍家が政権を担う正統性を朱子学にもとづいて示した**史論書**です。全3巻からなり、1巻は総論、2巻は平安時代から南北朝時代、3巻は江戸幕府の成立までがつづられています。

背景 儒学者を悩ます難題への挑戦

幕府のブレーンであった白石ですが、恵まれた環境で育ったわけではありません。父が仕官していた上総(かずさ)国(現在の千葉県中央部)の久留里(くるり)藩主・土屋直樹(つちやなおき)の改易にともない、一時は親子で流浪(るろう)の身となっています。貧しい牢人暮らしのなかでも学問に励んでいた白石は、朱子学者の**木下順庵(きのしたじゅんあん)に師事**

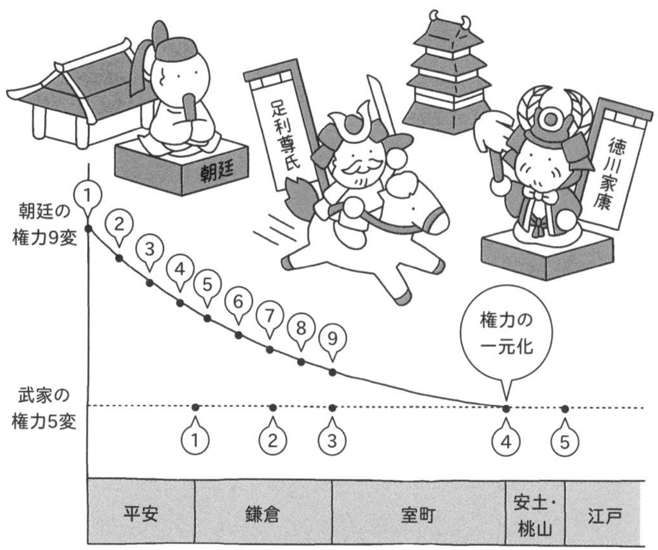

し、37歳で５歳下の**甲府藩主・徳川綱豊の侍講**(主君に学問を教える講師)となりました。

当時の５代将軍・徳川綱吉は、長男の徳松を４歳で亡くしていたため後継ぎがおらず、綱豊は43歳で家宣と名を改めて江戸城に入り、叔父にあたる綱吉の養子となります。この時、白石も旗本として登用され、1709(宝永６)年に当時としては高齢の47歳で、６代将軍に就任した家宣を補佐することになりました。進講(身分の高い人に行う講義)も引き続き行われており、『読史余論』はその教科書として1712(正徳２)年に書かれました。

徳川家の正統性を示すことは、御用学者として非常に重要なことです。しかし、林羅山(道春)・鵞峰(春斎)父子ら過去の朱子学者たちは、これまでの政権交代を合理的に説明できておらず、『読史余論』の執筆は、この難題への挑戦でもありました。

注目 日本でも易姓革命が起こっていた？

史論書である『読史余論』は、白石が独自の時代区分を用いて日本の歴史を説明したところに特色があります。その区分は「**天下九変五変論**」と呼ばれ、**公家社会**では摂関政治の開始から武家政権の確立までに**９回の変化**が起こったとしています。これは天皇を頂点とする朝廷の権力が減退していく過程です。要点のみを記すと、藤原良房の摂政就任が一変、安和の変以降の摂関常置体制が三変、三上皇（白河・鳥羽・後白河）による院政が五変、後鳥羽天皇以降の鎌倉幕府への軍事権委任が六変、後醍醐天皇による建武の新政が八変、北朝の光明天皇の下での足利尊氏による幕府創設が九変です。

さらに**武家社会**でも**５回の変化**が起こっています。源氏による鎌倉幕府創設が一変、北条氏による執権政治が二変、足利氏による室町幕府創設が三変、織田信長・豊臣秀吉の織豊政権が四変、そして徳川氏による江戸幕府創設が五変です。

この公家「九変」と武家「五変」は時代的に重なる部分があり、その期間は朝廷と幕府の公武二元支配が行われていたとします。そして建武の新政が崩壊し、南北朝が合一して京都の室町幕府を主体に権力の一元化がなされた時点で、天皇の王朝は事実上消滅したというのが白石の考えです。

以降の王朝は従来とは異なる武家の王朝です。つまり白石の言説は、室町時代の日本において、中国における「易姓革命」と同様のことが起こっていたことを示唆しています。

易姓革命は、王朝交代を正当化する儒教の考え方です。古代の中国では、徳を失い「覇道政治」を行った君主は天に見限られ、徳を備えた別の君主が新たに天命を受け、「王道政治」により天下を治めるとされていました。「易姓」は君主の姓が変わること、「革命」は天命が改まることを意味します。

徳川家が政権を握った必然性を示す『読史余論』では、過去の為政者に対する評価は厳しくなっています。前政権を担っていた豊臣秀吉に対しては、太閤検地で庶民の暮らしが窮乏したことなどをはじめ、6つの失政を指摘しています。

影響　実証主義にもとづく最高峰の研究と理論

白石は『読史余論』以外にも、大名337家の由来と事績を記した『**藩翰譜**』、イエズス会宣教師のイタリア人シドッチを尋問後に著した『**西洋紀聞**』『**采覧異言**』、随筆・回想録『**折たく柴の記**』など多数の著作をのこしています。

なかでも古代史の研究書である『**古史通**』は、『日本書紀』などを精査した白石が「神とは人なり」の結論を導き出した点が重要です。これは端的にいえば、神の末裔とされていた天皇を、他の諸侯と同じ位置に格下げする試みであり、江戸幕府・徳川政権の正当性を示す作業の一環といえます。また、『古史通或問』は、邪馬台国近畿説(大和説)を初めて論じたことで有名です。

実証主義にもとづく白石の研究と理論は、武家の立場からの歴史の再構築としては最高峰ということができ、徳川びいきの傾向が強いことを考慮しても高く評価されています。

伊藤先生のひと言メモ

新井白石の主導した正徳の治は、生類憐みの令が濫発され、貨幣改悪まで行われた5代将軍・綱吉の治世よりは安定。ただ、学者だけに儒教的な理想主義に走り、現実と合致せず空転した部分も多く、結果が得られぬまま、側近政治が反発を浴びます。よそ者ながら、奮闘しましたが、やはり政治家向きではなかったのですね……。

古事記伝

こじきでん

『古事記』の価値を高めた本居宣長の代表作

作 本居宣長	年 1798(寛政10)年
数 44巻	分 注釈書

概要 『古事記』研究に欠かせない注釈書

国学者・医師である**本居宣長**によって書かれた**『古事記伝』**は、日本最古の歴史書である**『古事記』の注釈書**です。全44巻からなり、第1巻では『古事記』の総論、第2巻では序文の解説と神々の系譜(けいふ)が記され、本文の注釈は第3巻からです。

宣長は、実証主義にもとづいて『古事記』に記される語句の読み方、意味を精査し、すべての注釈を終えるのに**35年の歳月**を費やしました。『古事記伝』の価値は現在も変わらず、『古事記』を読み解く際の必須の史料となっています。

背景 日本古来の精神・文化を見直す国学

江戸時代の日本では、幕府の御用学問である朱子学(儒学の一派)以外にも、陽明学・古学・折衷(せっちゅう)学(それぞれ儒学の一派)、蘭学(洋学)などの学問が発達していました。これらは外国由来の学問であり、その反動として18世紀以降、日本古来の精神・文化を見直そうとする国学も徐々に広まります。

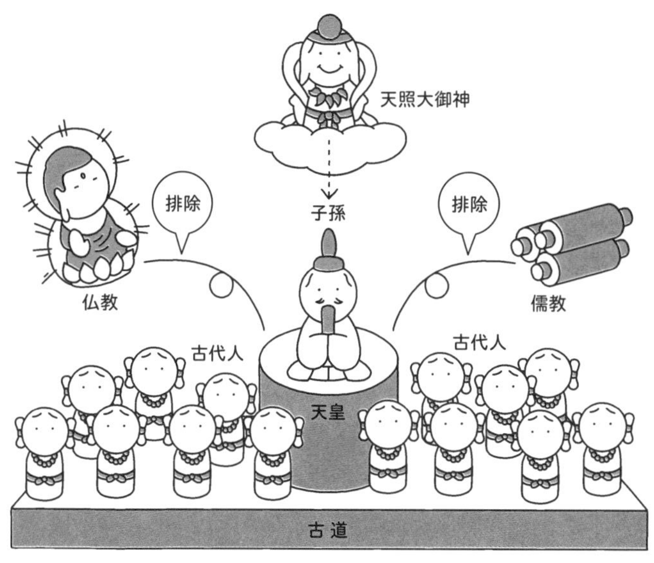

若き日の宣長が強い関心を寄せていたのは和歌です。とくに、登場人物の心情が和歌で表現されている紫式部の『源氏物語』に熱中し、後年に著した注釈本の『**源氏物語玉の小櫛**』や『紫文要領』では、「**もののあはれ**」という「しみじみとした趣」を表した言葉にこそ、儒教や仏教など外来思想の影響下にはない、日本独自の美意識と情緒があると説いています。

やがて宣長の関心は、平安文学から上代文学(奈良時代まで)へとさかのぼり、1763(宝暦13)年には『万葉集』の研究で知られていた賀茂真淵(著書に『国意考』『万葉考』『歌意考』がある)との対面を果たします。自身の住む伊勢国松坂(現在の三重県松阪市)に真淵が来訪していることを知った宣長は、その宿を訪ね、一夜を語り明かしてその後は手紙のやり取りのみ、という有名な師弟関係を結びます。

真淵と宣長はどちらも『古事記』の注釈を書きたいという願望をもっていましたが、真淵はすでに66歳と高齢であり、まだ33歳だった宣長は、その志を引き継ぐように『古事記伝』の執筆に取りかかるのです。２人の師弟の間では考えが異なることも多くありました。たとえば真淵は上代文学『万葉集』の「ますらをぶり」（男性的・素朴で力強い）を理想とし、中古文学『古今和歌集』の「たをやめぶり」（女性的・繊細で優美）を批判しましたが、宣長は評価していました。

注目 『古事記』こそ「真実の書」

宣長は、『古事記』と他の文献、あるいは『古事記』の写本同士を徹底的に比較し、得られた答えのみを採用しました。なかには結論が出ない問題もありましたが、その場合は「わからない」と書き記しています。**現代の実証主義にも通じる研究姿勢**は『古事記伝』の大きな特徴です。

ところで、712年成立の『古事記』と同時期の720年に編纂された歴史書に『日本書紀』がありますが、宣長はなぜ『古事記』に惹かれたのでしょう。『古事記伝』第１巻の総論では次のように書かれています。

「書紀は後代の意をもて、上代の事を記し、漢国の言を以、皇国の意を記されたる故に、あひかなはざること多かるを、此記は、いささかもさかしらを加へずて、古より云伝たるままに記されたれば、……」

『古事記』と『日本書紀』が成立した奈良時代前期には、まだ仮名（ひらがな・カタカナ）は存在せず、両者はどちらも真名（漢字）のみで書かれています。ただし、『日本書紀』が漢文体であるのに対し、『古事記』は当時の日本語の発音に漢字を当てはめた万葉仮名が用いられています。宣長にとっては、当時の出来事を、当時の日本の発音で記していることが重要であり、『古事記』こそ「真実の書」と考えていたのです。

影響 日本人に宿る「漢意」を批判

それまでの『古事記』は、正史である『日本書紀』を読む際の参考資料という位置づけでしたが、『古事記伝』により『古事記』自体の価値が認められ、両書の扱いは対等に近づいたといえるでしょう。

宣長と『古事記伝』によって18世紀末に一つの頂点を迎えた国学は、その後の日本人の思想にも大きな影響を与えています。『古事記伝』の第１巻に収録されていた『**直毘霊**（なおびのみたま）』、あるいは入門書『うひ山ぶみ（宇比山踏（ういやまぶみ））』では、古代日本の平和は天照大御神（アマテラスオオミカミ）の子孫である天皇の統治によりもたらされたものであり、すべての日本人が神道や国史、和歌を学ぶ必要があると説かれています。また宣長は、随筆『**玉勝間**（たまかつま）』で、日本人の精神に宿って久しい中国的な考え方である「**漢意**（からごころ）」（儒教）を批判し、日本古来の精神である「**真心**（しんしん）」（生まれついたままの心）に返ることを主張しました。

まとめると、「日本人は、仏教や儒学が伝来し影響を与える以前のあるがままの世界を知らなければならず、神の道に従う生き方である惟神（いしん）の道＝古道・大和魂を追求すべきである」というのが宣長の考えです。

伊藤先生のひと言メモ

松阪市（現在はこう書く）を訪れ、本居宣長記念館で学び、自宅を再現した鈴屋（すずのや）の２Ｆをバルコニーからのぞき見る。帰り道に武家屋敷跡を歩き、三井高利（みついたかとし）の生家である三井家発祥地に向かう。名店「和田金（わだきん）」さんで松阪牛を食べるだけではなく、歴史に詳しいからこその楽しみ方をぜひ試してみてください。すばらしい街。

都鄙問答

とひもんどう

江戸時代の心学者が説いた
商人のモラルがつめ込まれた書

作 石田梅岩	年 江戸時代中期
数 4巻	分 思想書

概要 心学を学ぶ受講生との対話

江戸時代中期の**丹波国**(現在の京都府中部と兵庫県東部)生まれの商人である**石田梅岩**は、自身が修めた儒教や仏教、神道の教えをもとに「**心学(石門心学)**」という新たな学問を興しました。庶民が日常生活を送るなかで規範となる**道徳**や**倫理**などが説かれ、とくに商人のモラルや経営哲学について詳しく触れているところに特色があります。

梅岩はこの心学を町民に教える私塾を京都で開き、そこで行われた受講生との対話をまとめたのが『**都鄙問答**』です。鄙は「辺境・田舎」を意味し(例:鄙びた○○)、地方出身の受講生も多かったことから、この書名がつけられました。

背景 軽蔑されていた江戸時代の商人

梅岩は1685(貞享2)年、丹波国桑田郡東懸村(現在の京都府**亀岡市**)の農家に生まれました。二男だったため、幼少期より京都の呉服屋で奉公働きを始めます。生活態度は極めて

まじめで、昼は仕事に精を出し、早朝と夜は書物を読んで三教(儒教・仏教・神道)を学ぶ日々を送りました。

やがて梅岩は、将来は自分の店を構えるのではなく、人に三教を伝える道を志すようになります。仕事の合間にも儒学者などを訪ね歩き、35歳ごろには、生涯の師となる禅僧の小栗了雲とも出会いました。知識人との交流や勉学を経て、梅岩は「尽心知性」という真理にたどり着きます。ここでいう「性」は「天から与えられる命令」「ありのままの姿」という意味です。つまり梅岩は、心を尽くして自分のありのままの姿を知り、自分の本心に従うことこそが人の道であり、商人の道であると悟ったのです。

42歳になった梅岩は奉公先の商家を辞し、2年後に京都市中で私塾を開きます。門前の看板には、**男女を問わず誰でも無料で参加できる**ことが記され、多くの人が門を叩きました。

梅岩が私塾を開いた1729(享保4)年は、18世紀前半までの好景気が終わり、武士や農民が困窮していた時代です。一方で当時は貨幣経済の進展期でもあり、大商人は豊かな生活を送っていました。富を蓄えた商人はいつしかモラルを失い、世間から批判を集めるようになります。商人は、自ら何かをつくることはせず、売買を仲介することで利益を得ています。当時は商業を虚業と見る向きも多く、商人は"士農工商"の言葉のイメージ通り、他の身分よりも低く見られていました。

注目 売買の利益は武士の俸禄と同じ

こうした批判や疑問に対し、梅岩は『都鄙問答』で次のように答えています。

「士農工商の四民には、それぞれ役割が与えられ、その役割を果たすことで主君に仕えている。商人は品物を売買することで、世の中がうまく回る手助けをしているのだ。売買で得た利益は、武士が主君から頂く俸禄(ほうろく)と同じである(だから堂々と利益を追求しなさい)」

つまり梅岩は、士農工商が身分の上下ではなく、あくまで職種による区分ととらえ、それぞれが社会にとって必要な存在であると説いたのです。この教えは、**それまで低く見られていた商業に社会的な存在意義を与え**、当時の商人の社会的地位を上げることにつながりました。

無論、欲望のままに暴利をむさぼることを良しとしているわけではありません。梅岩は実践しやすい道徳である**正直**と**倹約**、その根底にある勤勉を商人の規範とし、「強引な取引は行わず、贅沢(ぜいたく)や遊興を謹(つつし)み、屋敷の増改築を趣味としない。そうすれば、想定していた利益の９割しか得られなくても、家業は安泰である」と説きました。

梅岩が考える真の商人とは、「相手と自分の双方が上手くいく(＝先も立ち、我も立つ)ことを願う者」であり、「相手を騙すような者は同列に語るべきではない」と断じています。

影響 日本で一番早く提唱された“CSR”

梅岩は1744（延享元）年にこの世を去り、その後は弟子たちが心学の普及に努めました。なかでも高弟の**手島堵庵**は京都のみで講じられていた心学を全国に広め、堵庵の弟子である**中沢道二**は江戸に**心学講舎**を構えました。

老中首座の松平定信に認められた心学は、大名にも広まり、最終的に45カ国173カ所に心学講舎が設置されました。

しかし、100年ほど経った19世紀半ば以降、農政家の二宮尊徳による報徳仕法などの新思想が評判になり、各地に黒住教・天理教・金光教などの新宗教も流行すると、心学は求心力を失っていきました。そんな心学が再び脚光を浴びるのは第二次世界大戦後のことです。

とくに高度経済成長を経た1970年前後には、成長の負の側面である公害が大きな問題となり、企業の社会的責任（CSR＝Corporate Social Responsibility）が叫ばれるようになります。社会における商業・産業の意義と、そこに従事する者のあるべき姿を説いた心学は、日本で最も早く提唱されたCSRということもできます。

伊藤先生のひと言メモ

ＪＲ嵯峨野線の亀岡駅には、石田梅岩の銅像があります。彼は、身分制社会そのものは否定せず、各身分の果たしている役割には貴賤の違いなどない、と主張しました。だからこそ、人は身分やそれぞれの持ち分に満足して暮らすべき、という考えをもち、「知足安分」という言葉を残しています。

自然真営道

しぜんしんえいどう

差別なき農耕社会こそ理想的と説いた書

作 安藤昌益	年 江戸時代中期
数 101巻	分 思想書

概要 自筆本の大半は震災で焼失

安藤昌益(あんどうしょうえき)は、江戸時代中期の東北出身の医師であり、思想家です。その主著『**自然真営道**』では、すべての民が農耕に従事し、自給自足する「**万人直耕**(ばんにんちょっこう)」の世を理想とし、当時の封建体制や身分制度を否定するだけでなく、既存の宗教や学問も痛烈に批判しています。

同書には稿本(こうほん)(自筆本)と刊本(印刷本)の２種類があり、101巻93冊からなる稿本は**明治時代末期に発見**されました。**関東大震災でその大半を焼失してしまう**のですが、貸し出されていたことで難を逃れた12巻12冊が現存しています。刊本は1753(宝暦(ほうれき)３)年に刊行され、３巻３冊で構成されています。思想書の趣が強い稿本に対し、刊本は医学書の体裁がとられているのは幕府の弾圧を避けるためと考えられています。

背景 幕府の政策で疲弊する農村部

昌益は、1703(元禄16)年に出羽(でわ)国秋田郡二井田(にいだ)村(現在の

秋田県大館市)で生まれました。生家は**秋田藩**の裕福な農家でしたが、二男であったため家を継がず、京都の医師・味岡三伯の門人となります。その後、1744(寛保4)年から1758(宝暦8)年の間に**陸奥国八戸藩**の城下町**八戸**(現在の青森県八戸市)で町医者となり、『**自然真営道**』もそこで書かれたと見られています。

昌益が生まれた元禄期は、商品経済や貨幣経済の進展期であり、国内は経済成長と停滞をくり返すなかにありました。成長期に恩恵を受けたのは主に都市部の住人であり、農村部ではなじみのない商品貨幣経済に巻き込まれ、自給自足経済という従来のモデルが崩壊してしまいます。

加えて5代将軍・徳川綱吉により100回以上出された生類憐れみの令や、元禄期の貨幣改鋳(1695年)、宝永期の富士山噴火(1707年)などもあり、都市部でも景気は後退しました。のちに行われた8代将軍・吉宗の「享保の改革」も、農民に大きな負担を強いるものであり、農村部は疲弊の一途をたどります。昌益の思想は、そうした社会状況のなかで生まれました。

注目 為政者や聖人・君子は「不耕貪食の徒」

昌益は、世の中の真理を解き明かすうえで、宇宙には「活真」という根源的物質があると定義しました。古代中国の五行思想にも万物の素となる木・火・土・金・水の５要素がありますが、昌益は土を他の４要素と異なる存在と位置づけ、「土活真」と名づけました。森羅万象のすべては土活真から生まれたものであり、その創造行為を「直耕」といいます。直耕で生み出されたものは必ず対をなしており、天と地、生と死、男と女のように相反するものも、本来は一つです。このように、相手の性質を内包し合う二者の関係を「互性」といいます。

この直耕と互性によりつくられる空間が、昌益の考える「自然」であり、「**自然世**」ではすべての人間が平等です。また、直耕という言葉は農業を中心とする生産活動も意味しており、昌益はすべての人間が農業に従事する自給自足の世の中を理想としていました。

しかし、実際の社会は自然世ではなく、支配層と被支配層が存在する「**法世**」です。法世をもたらしたのは時の為政者であり、その支配に正当性を与えた宗教家や思想家も、『自然真営道』では批判の対象となっています。

具体的には釈迦や孔子・孟子などであり、昌益は**仏教や儒教などを徹底的に批判**しました。一方で、神道や天皇に対しては、古代の日本が自然世に近い状態であったことから肯定しており、昌益は尊王思想の持ち主であった可能性が指摘されています。

いうまでもなく、封建制度のもとで民衆を支配していた徳川政権も批判の対象であり、昌益は、自ら生産を行わず、農民から搾取するだけの為政者たちを「**不耕貪食の徒**」と非難しています。

影響 20世紀に台頭した思想の先駆け

生前の昌益は、全国的には無名に近い人物でしたが(こんな著書が広く読まれていたら処罰されているはず)、明治末期に第一高等学校(現在の東京大学教養課程)校長の狩野亨吉が『自然真営道』の稿本を発見したことで、その存在が知られることとなります。ただし、当時はまだ一部の識者のみが注目していたに過ぎません。昌益の名と思想は、戦後の駐日カナダ大使である**ハーバート・ノーマン**が1950(昭和25)年に著した『**忘れられた思想家**—安藤昌益のこと』により、広く知られるようになるのです。

昌益が説いた、すべての民衆が農業に従事する社会は右翼思想の農本主義、搾取する支配層の否定(=無階級社会)は左翼思想の共産主義・無政府主義に通じます。加えて今日では、昌益は「**世界初のエコロジスト**」と評されることもあります。

これらはすべて20世紀以降に台頭する思想であり、その1世紀以上前から同様の主張をしていた昌益の革新性には、おどろかされるものがあります。

伊藤先生のひと言メモ

八戸市の安藤昌益資料館は、地元企業の八戸酒類から蔵が提供されたもので、国道340号線にあるさくら野(百貨店)の近く。旧宅跡は、同じ通り沿いの三春屋(閉店)の目の前。まるでデパート好きにも見える昌益は、京都で結婚して子をもうけ、その後は八戸で十数年暮らしますが、最後は故郷に独りでもどり、亡くなっています。

日本外史

にほんがいし

武家の栄枯盛衰をつづった幕末の大ベストセラー

作 頼山陽	年 1826（文政９）年
数 22巻	分 歴史書

概要 頼山陽が記した非公式の歴史書

江戸時代後期の歴史家である**頼山陽**が著した『**日本外史**』は、武家の栄枯盛衰を漢文でつづった歴史書です。武家ごとの事績をまとめた紀伝体の形式がとられており、源氏・新田氏・足利氏・徳川氏を「正史」として記述し、平氏・北条氏・楠木氏・後北条氏・武田氏・上杉氏・毛利氏・織田氏・豊臣氏を、それぞれ関連する正史の前後に配置した構成となっています。

「外史」は民間の歴史書という意味で、それぞれの章の前後には、「外史氏曰く」で始まる山陽の見解が記されています。尊王思想にもとづく山陽の歴史観は多くの人に支持され、同書は当時の**大ベストセラー**となりました。

背景 司馬遷の『史記』に影響を受ける

山陽は1780（安永９）年に大坂の江戸堀で生まれました。翌年に儒学者の父・春水が広島藩の浅野家に学者として迎えら

れたため、山陽も広島で少年期を過ごしました。

山陽は聡明な人物でしたが、時に周囲をあ然とさせる行動をとっており、21歳の時には突如として脱藩します。その理由は定かではありません。連れもどされた山陽は、自宅の一室に約５年間幽閉され、ここで『日本外史』の初稿を書きあげました。

1811（文化８）年には再度、広島藩を出奔（しゅっぽん）するのですが、今度は連れもどされることはなく、京都で私塾を開きます。文化人と交流しながら著述活動を継続し、『日本外史』は1826（文政９）年に完成しました。

山陽は、中国王朝の前漢（ぜんかん）の歴史家である司馬遷（しばせん）が著した『史記』に強い影響を受けています。『史記』は十二本紀（ほんぎ）・十表・八書・三十世家（せいか）・七十列伝の全130巻で構成されていますが、山陽も自身の著作群を三紀・五書・九議・十三世家・二十三策にまとめるという構想を抱いていました。

山陽には『日本外史』以外にも『日本政記』『通議』などの著作があり、『日本外史』は十三世家、『日本政記』は三紀、『通議』は五書・九議・二十三策に相当します。

注目 徳川の世もいずれは終わる

先述したように『日本外史』では源氏・新田氏・足利氏・徳川氏を正史として取りあげていますが、征夷大将軍ではない新田氏を正史としたのは、新田氏の後裔を自称していた（松平姓より以前は、新田氏の一族に連なる徳川姓を祖先は名乗っていたとする）徳川氏への忖度と考えられます。

というのも、同書では朱子学の大義名分論にもとづき、天皇の地位を恒久不変としたうえで、政治の実務を担う武家の栄枯盛衰は必然としています。江戸幕府を直接批判してはいませんが、徳川の世もいずれ終わることが暗に示されており、幕府のとがめを受ける可能性があったのです。

しかし、その懸念は杞憂に終わります。献上された『日本外史』を読んだ白河藩主・松平定信（「寛政の改革」で有名なもと老中首座）は、同書に「穏当にして中道（妥当であり偏りがない）」との評価を下しました。つまり『日本外史』は、徳川家の縁者である有力大名からも認められたのです。

現在の私たちがよく知る武将のエピソードには、『日本外史』に由来するものがいくつかあります。たとえば、明智光秀が織田信長を討ったとされる際に「敵は本能寺にあり」と発したことは非常に有名です。この台詞は一次史料には見られず、『明智軍記』など後世の軍記物が初出とされていますが、山陽が『日本外史』で取りあげたことで、あたかも事実のように広まっていきました。

このように**山陽は、同書の執筆にあたり過去の軍記物などを参考にしているため、事実ではないことも多く書かれてい**

ます。その意味で『日本外史』は歴史書ではなく、歴史物語ととらえるのが妥当かもしれません。

影響 山陽の歴史観に触発される若者たち

『日本外史』は明治時代まで多くの人に読まれ、当時のベストセラーとなりました。

ヒットした要因はいくつもありますが、一つに山陽の文才が挙げられます。同書は1875(明治8)年に中国王朝の清(しん)でも出版され、文人の譚献(だんけん)は「漢文の巧みさは、明の復古派の文人たちよりもレベルが高い」と賞賛しています。一般的に和文よりもテンポがよいとされる漢文は、武家の興隆と衰退のダイナミズムを際立たせる一助となりました。

そして外的な要因としては、当時の時局があげられます。同書のなかで山陽は、武家が政権を取るためには時勢の見極めも重要としています。1853(嘉永(かえい)6)年のアメリカ東インド艦隊司令長官ペリー率いる黒船の来航は、まさに大変革の起点となり得る出来事であり、当時の若者たちは山陽の歴史観に触発されて、尊王運動を展開していくのです。

伊藤先生のひと言メモ

山陽の二度目の出奔は、父の友人だった名学者・菅茶山(かんちゃざん)の私塾「廉塾(れんじゅく)」の塾頭という立場を捨てたもの。以下の捨て台詞を書き旅立っていくクレイジーな31歳。「水凡、山俗、先頑、子弟愚(水は凡、山は俗、先生は頑、弟子は愚)」、すなわち「自然は凡俗でつまらないし先生は頑固で弟子たちは愚か、こんなトコにいられるか」！

北越雪譜

ほくえつせっぷ

雪深い土地での生活を網羅した“雪国の百科事典”

作 鈴木牧之	年 1837（天保８）～1841（天保12）年
数 ７巻	分 随筆

概要 雪国の暮らしを初めて全国に紹介

日本史上の文献には、庶民の生活に焦点を当てたものも少なくありません。しかし、その舞台が雪国となれば数は限られます。『**北越雪譜**』は、越後(えちご)国（現在の新潟県）の商人・**鈴木(すずき)牧之(ぼくし)**によって書かれた書物で、**雪国での生活、習慣、風俗などを初めて全国に紹介**した文献として知られています。

初編と２編で構成され、さらに初編は上・中・下巻、２編は１～４巻に分かれます。初編は1837（天保８）年に、２編はその４年後に刊行されました。

背景 越後の豪雪におどろく江戸の人々

牧之は1770（明和７）年に越後国塩沢(しおざわ)（現在の南魚沼市(みなみうおぬまし)）で生まれました。一帯は2000m級の山に囲まれた国内有数の豪雪地帯で、牧之も大雪の日に生まれたそうです。実家は、越後の名産として有名な麻織物・小千谷縮(おぢやちぢみ)の仲買(なかがい)を営む豪商で、牧之は幼少期から俳諧や書画などに親しんでいました。

『北越雪譜』の執筆を志すようになったのは19歳の時と伝わります。織物を売るために訪れた江戸でのこと。牧之と言葉を交わした江戸の人々は、越後の雪の多さにおどろきます。一方の牧之にとっては、その反応が衝撃的でした。牧之は「雪国の生活を伝える書物を世に出したい」と、強く思うようになるのです。

しかし、刊行までには紆余曲折がありました。原稿をほぼ完成させた牧之は、1798（寛政10）年から出版に向けて動き始めます。高名な戯作者の添削を求め、まずは山東京伝（さんとうきょうでん）に依頼したのですが、多忙のため作業ははかどりません。続いて依頼した曲亭馬琴（きょくていばきん）にも同様の事情で断られてしまいました。しかも困ったことに、どちらからも原稿は返却されませんでした。牧之は二度にわたって原稿の書き直しを余儀なくされたのです。

そんな牧之に声を掛けたのは、京伝の弟・山東京山（きょうざん）でした。

江戸育ちの京山は、わざわざ越後出身の奉公人を雇って、牧之の原稿を添削したそうです。こうして『北越雪譜』は、**約40年の月日をかけて刊行された**のです。

注目 雪国に生きる人々の知恵とたくましさ

『北越雪譜』初編の上巻では、**雪に対する科学的な考察**がなされており、雪の結晶の図がいくつも掲載されています。この図は、1832(天保3)年に出版された『雪華図説(せっか)』にもともと掲載されていたものですが、牧之はこれを自著に転載して紹介しました。

『雪華図説』は「雪の殿様」とも呼ばれた老中の土井利位(どいとしつら)(水野忠邦による「天保の改革」の失敗直後に老中首座となる)によって書かれた日本初の自然科学書ですが、出版数が少なく、多くの人々は牧之の著書で初めて雪の結晶を知ることとなるのです。

なお、雪の結晶に同じ形のものが二つとない理由について、牧之は「冷気のわずかな違いによって結晶の形も変わる」と考察しています。

続く初編の中巻からは、地元の特産品の紹介が始まります。とくに詳細に記されているのは、小千谷縮や塩沢紬(つむぎ)に代表される**織物の製法**です。

現在の魚沼地方では、2～3月の晴れた日に織物を雪の上に並べている様子が見られます。雪が解ける際に発生するオゾンには殺菌・漂白作用があり、織物の汚れやシミを落とすそうです。

この「雪晒し(ゆきざらし)」は地元で代々受け継がれている技法で、『北越雪譜』にも「雪中に糸となし、雪中に織り、雪水にそそぎ、雪上に晒す。雪ありて縮みあり。されば越後縮みは雪と人と気力相半ばして名産の名あり。魚沼郡の雪は縮みの親というべし」と記されており、**雪国に生きる人々の知恵とたくましさ**がうかがえます。

影響 700部を売りあげた“天下の奇書”

『北越雪譜』にはこれら以外にも、**雪かきをはじめとする雪国の日常**や、「雪中芝居」などの娯楽、正月の過ごし方などが豊富な挿絵とともに掲載されています。さらには、地元の方言にも触れられており、風俗・産業・地理・言語などを網羅した“雪国の百科事典”ということができるでしょう。

他に類を見ない内容であることから、1837年の初編刊行後には「天下の奇書」として大きな反響を呼び、一説に700部を売りあげたと伝わります。

同書の価値は近代に入ってからも変わらず、大正〜昭和初期に中央気象台長(現在の気象庁長官)を務めた気象学者の岡田武松(おかだたけまつ)は、同書を「測候仲間の必読書」と評しています。

この岡田武松の校訂による『北越雪譜』の活字本は1936(昭和11)年に岩波文庫から刊行され、現在も多くの人々に読まれています。

伊藤先生のひと言メモ

『北越雪譜』は、大学入試の定番。言いたいことは数あれど文化史の一部でしかあつかえずストレスが溜まっていたので、今回発散できました。しかし山東京伝と曲亭馬琴はヒドい……。私もそうでしたが、初出版時、売れっ子は輝いて見えますし、藁(わら)にもすがる思いで連絡したはず。その藁がシバいてくるわけですから絶望に近い。よく辛抱した！

経世論の書物群

けいせいろんのしょもつぐん

「経世済民」を目指した江戸時代の学者たちの著作

作 熊沢蕃山(『大学或問』)、荻生徂徠(『政談』)、太宰春台(『経済録拾遺』)、海保青陵(『稽古談』)、本多利明(『経世秘策』)、佐藤信淵(『経済要録』)	年 江戸時代
数 2巻(『大学或問』)、4巻(『政談』)、1巻(『経済録拾遺』)、5巻(『稽古談』)、4巻(『経世秘策』)、15巻(『経済要録』)	分 経世論

概要 「経済」は「経世済民」の略語

「経済」という言葉が、ある四字熟語を略したものであることをご存じでしょうか。その四字熟語は「**経世済民**(けいせいさいみん)」で、「世を経(おさ)め、民を済(すく)う」という意味です。

今日の私たちは、生産・交換・分配・消費といった活動を総合して「経済」と呼んでいますが、経世済民は政治や行政なども含む言葉です。「経世学」は今日の政治・経済学に相当し、江戸時代には**経世家**と呼ばれる学者らが数々の「**経世論**」を著しています。

背景 未曾有の経済成長で露わになる矛盾

日本で経世学が生まれるのは17世紀後半、4代将軍・徳川家綱の治世下、すなわち文治政治がスタートした時期です。

江戸時代前期の17世紀前半から中盤は未曾有(みぞう)の経済成長期であり、その反動としてさまざまな矛盾も生まれました。貨

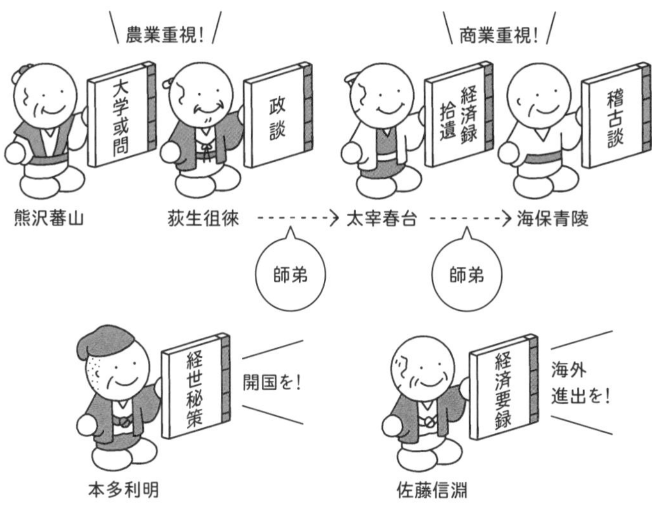

幣経済の進展期であったにもかかわらず、いまだ武士の禄（ろく）（給料）が米で支払われていたことはその一例です。

幕府や藩は、本百姓体制の維持に心を砕き、新田開発を奨励するなど、年貢収入の増加に努めていましたが、米の生産量が上がるとその市場価格は下がり、米を換金して生活物資を購入していた武士の暮らしを圧迫します。そして、武士の困窮は年貢の取り立ての強化につながり、結果として農民の負担が増えるのです。

注目 日本の経世学の元祖は熊沢蕃山

江戸時代は多くの経世家が、こうした負の連鎖を断ち切るための方策、すなわち幕藩体制維持・改良の方法論（＝幕府にとっての経世論）を著作で発表しています。

岡山藩主の池田光政（みつまさ）に仕えた陽明学者の**熊沢蕃山**（くまざわばんざん）は日本における経世家の元祖とされ、著者の『**大学或問**（だいがくわくもん）』で参勤交代の規模縮小や武士の土着を提唱しました。都市部に住んでいた武士を農村部に定住させることで、幕府や藩の出費を減らし、農民の負担を軽減することを目的としています。

古文辞学派の**荻生徂徠**も『**政談**』で武士土着論を唱えています。蕃山も徂徠も封建制度にもとづく旧来の農村の維持を前提にしており、商業には批判的でした。

しかしながら、自給自足経済だった農村部（＝地方）はすでに都市部（＝町方）と同じ商品貨幣経済の枠組に組み込まれており、物々交換にもどることは不可能です。こうした認識を背景に、18世紀に入ると、より積極的な市場参加が提唱されるようになります。

徂徠の弟子である**太宰春台**は『**経済録拾遺**』で、藩による商品作物の専売（＝商業藩営論）を唱えました。これは領国内の特産品を藩がすべて買い取り、市場での売却益を農村に還元する産業政策です。なお、冒頭にあげた経世済民の定義は、『経済録拾遺』に先行する『**経済録**』に記されています。「経済」という言葉は春台によって日本に広まったのです（economyの訳語にこれをあてたのは福沢諭吉）。

その春台門下の**海保青陵**は、自己抑制的な儒教道徳を否定し、より自由な市場参加を訴えました。著作の『**稽古談**』では、**武士による商人蔑視の風潮を批判**し、商人から学び、藩の主導で産業振興に取り組む藩重商主義の必要性が説かれています。青陵は、全国各地をめぐって産業政策を提案・指導しており、現代の経営コンサルタントの元祖ともいえます。

そして18世紀後半を迎えると、ロシアなどの列強が日本に接近するようになり、国際的な視点を交えた経世論が展開されていきます。数学者でもある**本多利明**は**開国を主張**し、『**経世秘策**』は海外との貿易や、西洋にならった植民地政策の必要性を説き、蝦夷地などの開発も主張しています。

また、「江戸時代の三大農学者」にも名を連ねる**佐藤信淵**(さとうのぶひろ)は、農学以外にも経世学・国学・兵学に明るく、『**経済要録**』では中央集権政府の主導による殖産興業・資源開発(＝産業国営化)や海外進出などを提唱しています。

影響 九谷焼を再興した海保青陵

こうした経世学者の主張は、すべてが好意的に受け取られたわけではありません。たとえば、熊沢蕃山は『大学或問』が幕政批判と見なされ、下総国(しもうさ)(現在の千葉県北部・茨城県南西部)の古河藩(こが)に幽閉されました。

しかし、なかには実践され、成果をあげた事例もあります。前述したように、海保青陵は経営コンサルタントのような活動をしており、文化年間には加賀藩で藩札の発行や国産品の藩外輸出などを提案しました。儒教思想に批判的な青陵は、少なからず危険視されており、提案のすべてが採用されたわけではありませんが、およそ100年間途絶えていた九谷焼(くたに)の再興事業は、青陵の発案と伝わります。

財政破綻状態にあった幕末期の長州藩を立て直した家老・村田清風(むらたせいふう)も青陵の著作を愛読していたとされ、藩主導の重商主義政策にその影響がうかがえます。

伊藤先生のひと言メモ

この「経世論」は、日本史・世界史・倫理・政治経済など社会科の要素がすべて盛り込まれているパート。とくに2022年度からスタートした新課程で重視されるはず。本書は学習参考書ではなく一般書ですが、受験生(日本史)や資格試験受験生(一般教養)にも読んでほしい。その価値はあると、史学科出身の私＆編集Aさんコンビは思ってます。

菅江真澄遊覧記

すがえますみゆうらんき

東北・北海道の暮らしを記した“漂泊の旅人”による著述

作 菅江真澄	年 江戸時代後期
数 89冊	分 紀行文

概要 自身の後半生を旅に捧げる

江戸時代の日本では、旅行が庶民の間にも広まっており、多くの人々が自身の旅行記録を遺しています。なかでも江戸時代中期～後期の旅行家である**菅江真澄**（すがえますみ）は、自らの後半生を東北と北海道（蝦夷地〈えぞち〉）の旅に捧げました。

日記につづられた当地の見聞記録は、のちに**『菅江真澄遊覧記』**としてまとめられ、近代以降の民俗学や考古学の分野において貴重な史料となっています。

背景 江戸時代に隆盛した紀行文学

旅の道中で遭遇した出来事などをつづった紀行文学の起源は、平安時代の紀貫之（きのつらゆき）が著した『土佐日記』とされています。中世の旅の主な目的は寺社への参詣であり、鎌倉・室町時代には、京都～鎌倉間の旅の様子をつづった書物が数多く著されています。

当時の旅行は、公家や僧侶など比較的身分の高い人々に好

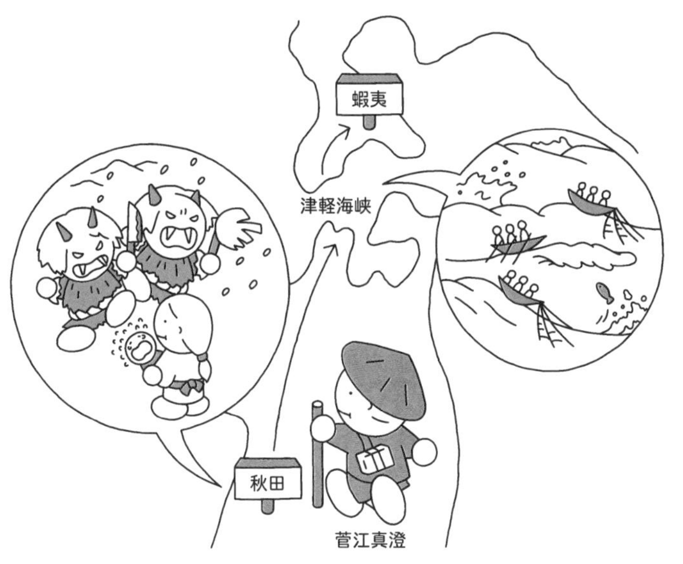

まれていましたが、江戸時代に入ると、戦乱の終結や経済成長により庶民の暮らしにもゆとりが生まれ、娯楽としての旅が広く普及していきます。全国の街道には関所が設けられており、必ずしも自由に移動できるわけではありませんでしたが、目的がはっきりし、関所手形を所持していれば関所の通過は容易に認められました。庶民は寺社参詣を口実に、物見遊山(ゆさん)や湯治のため、全国の名所をめぐっていました。

こうした背景のもと、江戸時代には紀行文学が隆盛を極め、未刊行のものを含めると、じつに2500点もの作品があったと見られています。

その代表格と呼べるのが、俳人・松尾芭蕉の『おくのほそ道』です。芭蕉と門人の河合曾良(かわいそら)は、1689(元禄２)年の春から９月にかけて、西は北陸の敦賀(つるが)(現在の福井県敦賀市)から、東は東北の平泉(現在の岩手県平泉町)まで旅しました。「月日は百代の過客にして、行きかふ年も又旅人也」から始まる序文や、立石寺（山寺）で詠んだ「閑さや　岩にしみいる　蟬の声」の俳句は非常に有名です。

芭蕉の旅は、自身が尊敬する能因や西行といった歌人たちの足跡をたどる目的があり、それを終えた芭蕉は生まれ故郷の伊賀国上野（現在の三重県伊賀市）に帰っています。

しかし、なかには旅に出たまま終生故郷にもどってこなかった著名人もいます。“漂泊の旅人”と呼ばれる旅行家の菅江真澄です。

注目 地方の伝統芸能に関する貴重な史料

真澄は1754（宝暦４）年に三河国（現在の愛知県東部）で生まれました。菅江真澄という名は晩年に名乗ったもので、本名は白井秀雄といいます。

郷里の文化人から国学などを学んでいた真澄は30歳ごろに家を出て、長野、新潟、秋田、青森、岩手、北海道を旅しました。一説に名所案内、現代でいう旅行ガイドをつくる目的があったとされていますが、詳しいことは不明です。

当地で見聞した民衆の生活や風俗は、自作の和歌や挿絵とともに日記に書き留められ、のちに『菅江真澄遊覧記』として89冊の書物にまとめられました。なかでも『鄙廼一曲』と題された記録は、田歌、山歌、舟歌、念仏踊りなど、当時の集落で歌い継がれていた民謡について詳細に記されており、地方の伝統芸能に関する貴重な史料となっています。

また、真澄は青森の亀ヶ岡、秋田の大館などにある縄文時代の遺跡も訪れており、出土した土器の形状や大きさをイラストとともに細かく記録しています。真澄は土器について「縄形の瓦あるいは甕」と表現していますが、このような土器が縄文土器と名づけられるのは、明治時代のアメリカ人動物学者で「日本考古学の祖」と呼ばれるエドワード・モースによってです。真澄の記録は（当時の日本になかった学問である）考古学の分野でも高く評価されています。

影響 国の重要文化財に指定された自筆本

各地を遊歴していた真澄は、1801（享和元）年から出羽国（現在の秋田県と山形県）の久保田藩（秋田藩）に身を寄せ、以降、出羽から出ることはありませんでした。

1811（文化８）年には、名君として有名な藩主の佐竹義和から出羽６郡の地誌の作成を依頼され、『雪の出羽路平鹿郡』『月の出羽路仙北郡』などを著します。しかし６郡すべての上梓には至らず、真澄は1829（文政12）年に76歳で死去しました。生涯、妻子をもたなかったと伝わります。

生前に遺した記録は藩校の明徳館に寄贈され、現在、秋田県立博物館に所蔵されている自筆の『菅江真澄遊覧記』は、1957（昭和32）年に秋田県有形文化財となり、1991（平成３）年には国の重要文化財にも指定されています。

庶民の生活や文化を克明に記録した真澄の功績は非常に大きく、明治期の民俗学者である柳田國男は、真澄を「日本民俗学の開祖」と称えています。

伊藤先生のひと言メモ

講義で菅江真澄を「巨人のピッチャーで桑田真澄がいますね」と男性だと説明していたのが懐かしいです。18世紀後半の東北は、天明の飢饉（1782～87年）の被害が大きく、その意味でも遊覧記は貴重な史料であり、笑いながら桑田を説明後、真面目な顔で飢饉を語るコントラストに講師としての力量が出る、単元でした。

日本幽囚記

にほんゆうしゅうき

ロシア軍人が体験した日本での監禁生活の記録

作 ヴァシーリー・ミハイロヴィッチ・ゴローウニン	年 1816(文化13)年
数 1巻	分 手記

概要 世界各国で出版されたゴローウニンの手記

江戸時代後期にあたる**1811(文化８)年**、鎖国政策を敷いていた日本を震撼(しんかん)させる事件が起こりました。ロシアの蝦夷地(えぞち)(現在の北海道)への度重なる攻撃に端を発する**ゴローウニン事件**です。

『**日本幽囚記**』は幕府に拘束されたロシア海軍の軍人**ゴローウニン**によって書かれた手記で、事件の顛末(てんまつ)や、ゴローウニンの目から見た当時の日本社会、自然・精神風土、日本人像などが記されています。1816(文化13)年にロシアで出版されたのをはじめとして、ドイツ語やオランダ語などに翻訳され、1825(文政８)年には日本語版も刊行されました。

背景 蝦夷地を攻撃したロシアへの報復

鎖国体制下の日本では、オランダ、中国(清)、朝鮮(李朝)、琉球王国以外の国との交流が禁じられました。そのようななか、ロシア船は1739(元文(げんぶん)４)年の「元文(げんぶん)の黒船」を皮切りに、

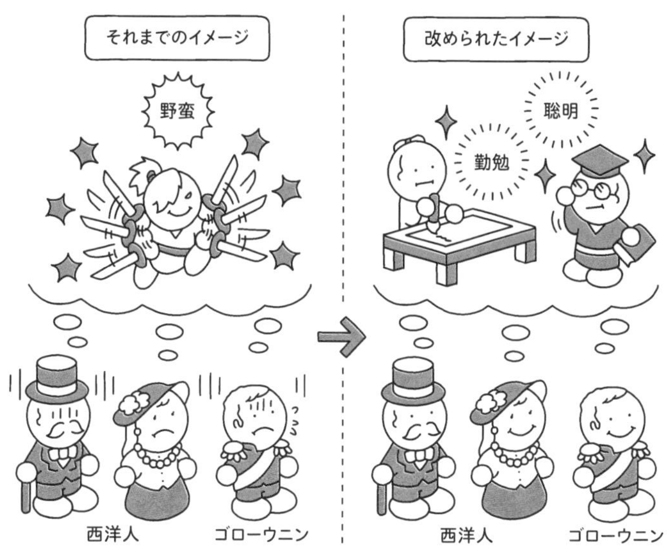

1778(安永７)年には蝦夷地の厚岸（あっけし）に来航していました。

そして1792(寛政４)年、本格的に日本との通商を求めるロシアの女帝エカチェリーナ２世は、使節として**ラクスマン**を根室に派遣します。老中首座・松平定信による「寛政の改革」の最中にあった幕府は、長崎の通行許可証である信牌（しんぱい）を渡し、国交樹立を考えつつも開国を一旦拒（こば）みます。

1804(文化元)年には、ロシアの皇帝アレクサンドル１世の使節として**レザノフ**が長崎に来航し、再度通商を求めましたが、幕府は信牌を渡していたにもかかわらず、聞く耳をもちません。もはや松平定信は政権担当者ではなくなっていたとはいえ、２カ月間上陸を拒み、さらに半年も待たせたあげく、なしのつぶてです。

これが皇帝の正式な使節に対する態度かと憤慨（ふんがい）したレザノフは、部下のフヴォストフに択捉島（えとろふ）や利尻島（りしり）、樺太（からふと）への攻撃を命じました。1806年(文化3)年から翌年にかけて発生したフヴォストフの部下たちによる一連の襲撃事件を「文化露寇」といいます。当時、幕府は外国船に薪と水を与えて穏便に追い返す「文化の撫恤令」を発布していましたが、この文化露寇を契機に態度を硬化させ、文化の撫恤令はわずか1年で撤廃されました。

そして当時、松前藩に代わり全蝦夷地を直轄していた幕府が具体的な報復に動いたのは1811年のことでした。千島列島近海で測量を行っていた**ロシア軍艦ディアナ号**の艦長ゴローウニンを捕らえたのです。**国後島**で捕らえられたゴローウニンは**箱館（現在の函館市）**に送られ、粗末な獄舎での監禁生活を余儀なくされるのです。

この時に難を逃れたディアナ号副艦長リコルドは、幕府にゴローウニンの引き渡しを求めましたが、「すでにゴローウニンは死亡した」として幕府は受けつけません。そこでリコルドは、1812（文化９）年、国後島付近を航海していた大商人の**高田屋嘉兵衛**を捕らえます。

人質となったにもかかわらず嘉兵衛の態度は毅然としたものであり、心を打たれたリコルドは彼の助言を聞き入れ、レザノフの攻撃についての謝罪文書を幕府に提出しました。こうして1813（文化10）年、ゴローウニンと嘉兵衛は無事、互いの祖国に返還されることとなったのです。

以上のエピソード、とくに嘉兵衛とリコルドの心の深い交流は、司馬遼太郎の小説『**菜の花の沖**』によって広く知られることになりました。

注目 ゴローウニンをあきれさせた間宮林蔵

一度ゴローウニンが起こした脱獄未遂を機に、その身柄は箱館から、当時幕府の奉行所があった松前に移され、ある程度の自由も認められました。依然として尋問は続きましたが、幕府の真の目的は、ロシアに関する情報収集であり、馬場佐十郎をはじめとする蘭学者がゴローウニンからロシアの言語・風習や国内情勢を学びました。この佐十郎は、のちに『日本幽囚記』の日本語訳を手がけることになります。

1809（文化6）年に樺太が離島であることを発見（のちシーボルトが「間宮海峡」と命名）したことで知られる探険家の**間宮林蔵**も、監禁中のゴローウニンに接見した人物の1人です。当時、幕府の隠密（将軍家御庭番）だった林蔵は、文化露寇の際にロシア軍と戦った武勇伝や、探検家としての業績をゴローウニンに自慢げに語り、あきれたゴローウニンは「（林蔵）の虚栄心は大したもの」と、皮肉を込めて書き記しています。

影響 払拭された日本に対する先入観

ゴローウニンの監禁生活は2年3カ月におよびました。しかしながら、日本人に対する印象はおおむね好意的であり、「世界で最も聡明な民族」「この万事に長けた民族がピョートル大帝ほどの君主をいただけば、数年のうちに東洋の覇者となるであろう」と評しています。当時のヨーロッパ社会は日本人を「異教徒の野蛮人」と見なしていましたが、ゴローウニンの手記によりそのイメージは払拭されることとなるのです。

伊藤先生のひと言メモ

十数年前に函館市の北方民族資料館を訪ね、そこで『日本幽囚記』の単行本（旧訳版）を購入しました。昨今はネット書店で買えますが、講師として仕事に直接関わる物は、肌感・体感を重視するため、なるべく現地の書店・資料館・博物館で買うようにしています。この本も、その日の思い出とともに、今も本棚にあります。

日本・日本動物誌・日本植物誌

にっぽん・にほんどうぶつし・にほんしょくぶつし

ドイツ人シーボルトによる最新の日本の研究記録

作 フィリップ・フランツ・フォン・シーボルト	年 江戸時代後期
数 ※分冊の受注生産であったため、原本の全容は不明 ※動物誌と植物誌の巻数は不明	分 日本研究書(日本) 動物図鑑(日本動物誌) 植物図鑑(日本植物誌)

概要 日本で収集した資料を編纂

長崎は、鎖国体制下にあった江戸時代の日本で、唯一外国人に長期滞在が許されていた都市です。当時の日本は、幕府の長崎奉行を通じてオランダと中国(明(みん)と清(しん))、対馬(つしま)藩の宗(そう)氏を通じて朝鮮(李朝)、薩摩(さつま)藩の島津氏を通じて琉球(りゅうきゅう)王国、松前(まつまえ)藩の松前氏を通じて蝦夷地のアイヌと交易していました。

人工島である**出島**にはオランダ商館(=インドネシアのバタビアに本社があるオランダ東インド会社の日本支店)があり、そこで1823(文政6)年から医師を務めていたのが**ドイツ人**の**シーボルト**です。

動植物学や地学にも通じていたシーボルトは、医師であると同時に博物学者でもありました。日本の蘭学者との交流を通じて日本の情報を仕入れ、オランダ商館長(カピタン)の江戸参府に随行して出島を出た際には、数多くの動植物を観察しました。これら日本に関する資料をもとに編纂(へんさん)されたのが**『日本』『日本動物誌』『日本植物誌』**で、「シーボルトの三部作」

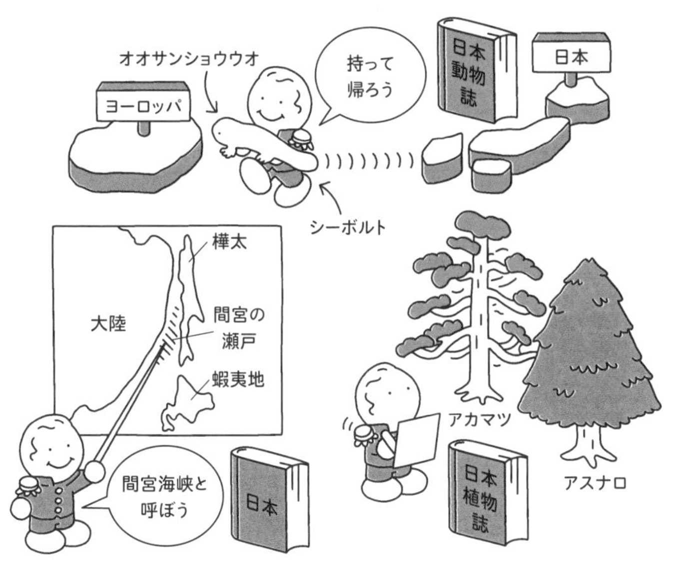

とも呼ばれています。

来日の真の目的は市場調査

シーボルトは、神聖ローマ帝国の司教領ヴュルツブルク(現在のドイツ・バイエルン州)で生まれたドイツ人です。大学の医学部を卒業後に町医者を経て、オランダ領東インド(=インドネシア)陸軍の軍医となり、1823(文政6)年に来日しました。

オランダ商館のはからいで出島から出ることが認められたシーボルトは、長崎郊外に診療所を兼ねた蘭学塾・**鳴滝塾**(なるたき)を開きます。**高野長英**(たかのちょうえい)、**伊東玄朴**(いとうげんぼく)、小関三英(こせきさんえい)、二宮敬作(にのみやけいさく)ら塾生には、オランダ語でレポートを提出する課題が与えられており、そのレポートは『日本』を執筆する際の資料として活用されました。

1826(文政9)年には、オランダ商館長による毎年の江戸参府に随行しており、道中では日本の地理や気候などを記録し、動植物の標本も収集しています。

江戸では探険家の最上徳内(もがみとくない)や、幕府天文方の高橋景保(たかはしかげやす)と交流をもちます。しかし**1828(文政11)年**、景保から禁制の日本地図を入手していたことが発覚し、**国外追放処分**が下されました。世にいう「**シーボルト事件**」です。シーボルトをスパイと見る向きもありますが、その指摘は半分当たっています。シーボルトのもう一つの顔は市場調査員であり、情報収集は日蘭貿易の振興を目的としたものだったのです。

注目 「間宮海峡」はシーボルトの命名

こうして日本を離れたシーボルトですが、すでに多くの資料をオランダに送っており、時の国王ウィレム２世の支援を受けて『日本』を著しました。同書は1832年から1851(嘉永(かえい)４)年にかけて、分冊という形で刊行されました。日本の数理地理と自然地理、武器・武術・兵法、神話と歴史、宗教、芸術と学術、茶の栽培と製法の他に、近隣諸国に関する情報がまとめられています。

シーボルト事件の際に入手した日本地図は幕府に没収されましたが、発覚以前に複製していた地図が本書に掲載されています。1809(文化６)年、間宮林蔵が発見した樺太とユーラシア大陸の間の**間宮海峡**は、シーボルトによって「マミアノセト」(間宮の瀬戸＝間宮海峡)と名づけられ、本書で世界に紹介されました。

オランダに持ち帰った動植物の標本は、『日本動物誌』と『日本植物誌』にまとめられています。

『日本動物誌』は、哺乳(ほにゅう)類、鳥類、爬虫(はちゅう)類(両生類を含む)、魚類、甲殻類に分類された図鑑で、王立自然史博物館の研究者が分類と執筆を担当しました。シーボルトが生体を持ち帰り、同書にも記載されているオオサンショウウオは、「生きた化石」として大きな注目を集めました。

『日本植物誌』は、ミュンヘン大学教授ツッカリーニとの共著です。記載されている多くの種がヨーロッパ社会にとっては新種であり、アカマツやアスナロの学名には2人の名前(Sieb. & Zucc.)が見えます。

影響 ヨーロッパでの日本学の原点

シーボルト以前にも、ドイツ人でオランダ商館医を務めたケンペルの『日本誌』、オランダ人でオランダ商館長だったチチングの『日本風俗図誌』、ゴローウニンの『日本幽囚記』など、日本を西洋に紹介した文献はありました。しかしシーボルトの著作は情報量と新しさの面で過去の文献に勝っており、のちにヨーロッパで盛んになる「日本学」の原点はシーボルトであるといえるでしょう。

オランダにもどったシーボルトは学者としての研究を続けながら、日本を開国させるための活動も行っています。そして、オランダ国王ウィレム2世が幕府に送った1844(天保15)年の開国勧告の親書は、シーボルトの起草と伝わります。

伊藤先生のひと言メモ

やはり「地図泥棒」ではあるので評価は分かれます。1999年設置の県立長崎シーボルト大学は、2008年に長崎県立大学と統合され閉校、現在は長崎県立大学シーボルト校という1キャンパス扱いに。また、シーボルトには丸山町の遊女だったお滝との間に娘がおり、それが日本女性で初めて西洋医学を学んだ産科医・楠本(くすもと)イネです。

尊王論の著作群

そんのうろんのちょさくぐん

徳川の世を終わらせた志士たちのバイブル

作 山県大弐(『柳子新論』) 会沢正志斎(安)(『新論』) 藤田東湖(『弘道館記述義』)	年 1759(宝暦９)年(『柳子新論』) 1825(文政８)年(『新論』) 1846(弘化３)年(『弘道館記述義』)
数 １巻(『柳子新論』) ２巻(『新論』) ２巻(『弘道館記述義』)	分 思想書(『柳子新論』) 思想書(『新論』) 注釈書(『弘道館記述義』)

概要 異なる過程で広まった「尊王」と「攘夷」

幕末の日本に大きな動乱を巻き起こしたのが、「尊王攘夷(そんのうじょうい)」思想です。今日ではひと続きの言葉として用いられることも多いですが、「尊王」と「攘夷」はもともと異なる過程で広まった思想です。

天皇を尊ぶことを意味する尊王(尊皇)は、中国から伝わった儒学の尊王思想をルーツとし、日本でも古くから唱えられてきました。江戸時代中期の甲斐(かい)国(現在の山梨県)出身の儒学者である**山県大弐(やまがたただいに)**は、著作の『**柳子新論(りゅうししんろん)**』でこの尊王思想をもとに倒幕論を唱え、後世に大きな影響を与えました。

そして幕末期を迎えると、夷狄(いてき)を攘(はら)うことを意味する「攘夷」論が「尊王」論と結びつき(時の孝明天皇が強烈な攘夷論者だったこともある)、「尊王攘夷」論が生まれます。代表的な論者は、いずれも水戸藩士の**会沢正志斎(安)(あいざわせいしさい やすし)**と**藤田東湖(ふじたとうこ)**で、正志斎は『**新論**』、東湖は『**弘道館記述義**』などの著作で知られています。

 背景 朱子学は幕府にとって諸刃の剣

儒学の一派である朱子学には、大義名分論という考え方があります。現在でも使われている言葉ですが、ここでいう大義名分とは、父と子、君主と臣下の分別をわきまえ、礼節を重んじることを意味します。これは将軍を頂点とする幕藩体制や、“士農工商”に象徴されるような身分制度の根拠となる考え方であり、朱子学は幕府の御用学問として広まっていきました。

しかし、それは幕府にとって大きな危険性もはらんでいました。朱子学には、徳の高い王者は力で支配する覇者に勝る尊王斥覇（せきは）という考え方があり、「王道政治」は「覇道政治」に勝ります。一部の儒学者は、王者を天皇・朝廷、覇者を将軍・幕府に置き換え、天皇が治める世こそ理想と考えるようになるのです。

注目 幕末の100年前に説かれた倒幕論

大弐もそうした考えをもつ儒学者の１人でした。1759(宝暦９)年に著した『柳子新論』では、天皇と将軍という２人の君主が並び立っている現状を大義名分論にもとづいて否定し、幕府の官僚制度や経済政策などを批判しました。

さらに同書では、「天下に害を与える者は、国君であっても必ず罰しなければならない。それが叶(かな)わない時は兵を挙げてでも討つ」と記されています。幕末の約100年前に示された倒幕論は、同書の最も注目すべき点です。いうまでもなく、これは幕府にとって危険思想であり、大弐は1767(明和４)年に処刑されました(＝明和(めいわ)事件)。『柳子新論』も発禁処分となりましたが、有志たちによってつくられた写本が、その後も読み継がれていきました。

時代を下って幕末、ペリー来航を契機に国内では攘夷論が形成されていきます。この思想は、自分たち以外の民族を下に見る古代中国の華夷(かい)思想や、日本を神国と見なす国学などが下地になっています。

とくに水戸藩では、藩主・徳川光圀(みつくに)が始めた『大日本史』の編纂(へんさん)を通じて生まれた水戸学(尊王思想に国学などが融合して生まれた学派)に攘夷論が結びつきます。こうして形成されたのが**尊王攘夷思想**です。会沢正志斎は当時を代表する尊王攘夷論者であり、著書『新論』で「攘夷のためには天皇と幕府のもとで国民が一つにならなければならない」と説き、天皇を中心とする国家の在り方を「国体」という言葉で表現しました。

こうした思想は**後期水戸学**の根幹をなすものであり、藩校・弘道館(こうどうかん)の建学精神を記した『弘道館記』には、文献上初めて「尊王攘夷」の文字が見られます。

これを起草した儒学者の藤田東湖は、のちに『弘道館記述義』という注釈書も執筆しており、これらに記される敬神崇儒、尊王攘夷、忠孝無二といった思想が勤皇（天皇に忠義を尽くすこと）の志士たちを鼓舞したのです。

影響 大日本帝国憲法で定められた「国体」

『新論』の記述からもわかるように、尊王攘夷はただちに倒幕と結びつくわけではありません。尊攘派志士たちの当初の目的は、あくまで幕府の政治をただして攘夷を実現することにありました。

そんな志士たちが倒幕へと舵を切った背景には、山県大弐の思想があります。倒幕運動の先駆けとなった長州藩の吉田松陰は、かつて下田（現在の静岡県下田市）からアメリカへの密航を企てた罪で投獄され、獄中では勤皇の僧侶として知られる宇都宮黙霖と書簡を交わしていました。この時に黙霖が読むことを勧めたのが『柳子新論』であり、松陰は同書に触発されて倒幕論に転向したと見られています。

そして明治という新時代を迎えた日本では、会沢正志斎が説いた国体の概念に改めて焦点が当てられます。天皇が永久に統治権をもつ当時の日本の在り方、すなわち国体は、大日本帝国憲法（明治憲法）で正式に定められました。

伊藤先生のひと言メモ

尊王攘夷の志士たちのあこがれ、藤田東湖は、1855（安政２）年の安政の大地震時、江戸の自宅にいました。一度は脱出するも、火鉢の火を心配した母が邸内にもどるとそのあとを追い、落ちてきた梁を身体で受け止めて母を救い、無事を確認後に自らは圧死しています。彼らしい最期に涙する人は多いです。

徳川実紀

とくがわじっき

将軍の治世を個別にまとめた江戸幕府公式の記録

作 林述斎・成島司直	年 1843(天保14)年
数 517巻	分 歴史書

概要 正式名称は『御実紀』

江戸幕府公式の歴史書である『**徳川実紀**』には、初代・徳川家康から10代・家治までの将軍の動静を中心に、幕府の政策や行事などが全517巻にまとめられています。

『徳川実紀』は通称であり、**正式名称は『御実紀』**といいます。各将軍の記録は、家康の『東照宮御実紀』、2代・秀忠の『台徳院殿御実紀』、3代・家光の『大猷院殿御実紀』と、それぞれの諡号(死後に贈られる尊号)を冠した書名になっており、『徳川実紀』や『御実紀』はその総称です。

背景 国としてのアイデンティティを再確認

本書の編纂は1799(寛政11)年、大学頭(幕府の官僚教育機関の長官＝昌平坂学問所〔昌平黌〕長官)である林述斎の建議により始まり、将軍に献上される正本は1843(天保14)年に完成しました。

同じ時期には『朝野旧聞裒藁』『新編武蔵国風土記稿』『新

編相模(さがみ)国風土記稿』といった史書が幕府の主導で編纂されており、『徳川実紀』はその集大成とも呼べる事業でした。

当時は開国を求めるロシア使節の来航など、鎖国政策が揺らぎ始めていた時代です。幕府には将軍の権威を高め、国としてのアイデンティティを改めて確認しておく必要があったのです。

一連の編纂事業を構想したのは「寛政の改革」(1787〜93年)を行った老中首座・松平定信です。その失脚後は『徳川実紀』の編纂も棚上げとなりましたが、述斎の建議によって正式に決定し、ある程度の史料が集まった1809(文化6)年より執筆が始まりました。

述斎は監修という立場であり、実際の編集・執筆の実務を指揮したのは奥儒者(おくじゅしゃ)(将軍に講義を行う儒学者)の成島司直(なるしまもとなお)です。編纂所には司直の邸宅があてられましたが、司直は本書の完成直前に罷免(ひめん)され、以降は湯島の昌平坂学問所が編纂所となっています。

編集会議では、**新しい時代から古い時代にさかのぼって編纂していく方針**が採られ、ひらがな混じりの文体にすること、六国史の『日本文徳天皇実録』『日本三代実録』など過去の実録にならって編年体とすることなどが決まりました。書名を『実録』ではなく『実紀』としたのは、『実録』は主に天皇の記録に用いられる言葉だからです。

編纂にあたり、基本的な史料となったのは幕府各役所の業務日誌です。ただし、明暦年間以前の記録は1657(明暦３)年の明暦の大火(振袖火事)で大半が焼失していたため、幕府は他の大名家からも広く史料を収集しました。

注目 将軍の言行や逸話は付録に記載

『徳川実紀』は本編と付録からなり、本編では事実のみが淡々とした筆致でつづられ、将軍の言行や逸話など主観が含まれる事柄は付録に記載されています。

たとえば、本編10巻・付録25巻からなる『東照宮御実紀』には関ヶ原の戦いの顛末も記録されていますが、石田三成の最期について本編では、「石田(三成)、小西(行長)、安国寺(恵瓊)などは、生け捕られた後、処刑され」と、結末のみを簡潔に記しています。

付録では、当時の状況がより細かく説明されており、三成を捕らえたのが武将の田中吉政であること、吉政は三成と親しく家康は吉政を疑っていたこと、その疑いが三成の捕縛で解けたことなどが、家康の言葉とともにつづられています。

幕府公式の歴史書という性質から、本書では歴代将軍の言行は美化されている傾向にあります。ただし、あくまで将軍に献上するための書物であり、民間に読まれることを想定してはいません。つまり本書は、**徳川家の子孫のために君主の**

あるべき姿を説いた君主論と見ることもできます。

影響 末完で打ち切られた『続徳川実紀』

本書の編集方針を記した「御実紀成書例」には、「記録の正しいものを参考にした」「いろいろ吟味し、虚実を調べて、ようやく一代の概要を作成した」とあります。後世の研究によって、事実ではないと判明した記述もなかには存在しますが、内容はおおむね正確であり、本書は『寛政重修諸家譜』『御触書集成』とともに、近世史を研究する際の基本史料となっています。

本書の成本には、下書きにあたる稿本、将軍に献上する正本、その写しである副本、東照宮献上本の４種類があります。記事の出典も記されている副本は、現代において『徳川実紀』の底本(諸本を比べる際の基準となる本)として扱われており、『国史大系』に収録されているのも副本です。

11代・家斉以降も『御実紀』の編纂は続けられ、『国史大系』には15代・慶喜までの『続徳川実紀』も収録されています。ただし、幕末期の13代・家定以降は未完のまま編纂が打ち切られたため、収集した史料の書名のみが列記されています。

伊藤先生のひと言メモ

将軍家の帝王学を記したのが『徳川実紀』ともいえます。民間に読まれることを想定しなかったのなら、“盛る”必要はないのに、家臣から将軍に献上する形式では、忖度が働いてしまいます。過去の偉大な先祖に比べ自分なんて、と11代将軍以降は悩むような気もしますが……。だから皆、ちょっと残念な感じになってしまった？

日本遠征記

にほんえんせいき

鎖国時代に終止符を打った
ペリー提督による日本滞在記

作 マシュー・カルブレイス・ペリー	年 1856(安政３)年
数 ３巻	分 旅行記

概要 議会への報告書などをもとにした旅行記

アメリカ東インド艦隊を率いる**ペリー**の二度にわたる来航により、210年以上続いた日本の鎖国は解かれました。条約締結をめぐる幕府とペリーの交渉の顛末(てんまつ)は日本側の文献でも詳しく伝えていますが、東インド艦隊が日本に向かうまでの経緯や、ペリーの日本人に対する評価などは、アメリカ側の文献にしか記されていません。

『**日本遠征記**』は、ペリーをはじめとする乗組員の手記や、アメリカ議会への報告書などをもとに編纂(へんさん)された旅行記で、全３巻で構成されています。

背景 来航の目的は太平洋航路の開発

19世紀前半のアメリカは世界最大の捕鯨国であり、日本沿海で遭難した捕鯨船の保護や必要物資の補給が艦隊派遣の目的です。ただし、これは表向きの理由で、真のねらいは対中国(清(しん))貿易を見越した太平洋航路の開発、つまり日本の開国

と開港でした。

東インド艦隊司令長官のペリーを乗せた蒸気フリゲート艦のミシシッピ号は、1852(嘉永5)年11月にアメリカ東海岸のバージニア州ノーフォークを出立し、大西洋を進みます。その後はアフリカ大陸南端の喜望峰を経由してシンガポール、マカオ、香港に寄港し、上海で旗艦の**サスケハナ号**と合流しました。

注目 工業国としての飛躍を予言

『日本遠征記』の序論には、ペリーがアメリカを発つ前に集めた日本の情報が記されており、「日本概論」とも呼べる内容になっています。

ペリーは、ケンペルの『日本誌』、ツンベルグの『日本植物誌』、シーボルトの『日本』といった、オランダ商館付の医師として日本に滞在した外国人の文献を精査し、日本の自然や日本人の起源、言語、政治、歴史、文化、宗教、産業など多岐にわたる知識を蓄えていました。

たとえば政治や歴史については、日本には世俗的な皇帝と宗教的な皇帝の２人の君主が存在し、その歴史は神武天皇が即位した紀元前660年より始まると記されています。これは『古事記』や『日本書紀』が伝える内容と同じです。

また、世俗的な皇帝の始まりは源頼朝であり、「征夷大将軍」が「蛮族を討つ大元帥（だいげんすい）」という意味であることもペリーは知っていました。こうした入念な下調べは、必ず日本を開国させるという強い決意の表れといえるでしょう。

1853（嘉永６）年５月に上海を出立した４隻の艦隊は、琉球王国を経由して、７月に浦賀（現在の神奈川県横須賀市）へと来航します。この時は日本を開国させるまでには至らず、フィルモア大統領の国書を幕府に手渡したペリーは日本を一旦離れました。

再来日は翌1854（嘉永７）年２月のこと。今回は**ポーハタン号**を旗艦とする７隻の軍鑑を引き連れての来日です。

今度こそ条約締結を成し遂げたいペリーは、「もし成功しなければ、おそらく合衆国はさらに多くの艦船を派遣するだろう」と、脅（おど）しにも近い言葉を幕府に突きつけました。この強引とも呼べる交渉術に折れる形で、幕府はついに**日米和親条約**を結んだのです。

幕府に対しては厳しい態度をくずさなかったペリーですが、庶民に向けられる視線はおおむね好意的です。とくに職人の技術に対しては最大級の賛辞を贈っています。

「実際的および機械的な技術において、日本人は非常に器用であることがわかる。道具が粗末で、機械の知識も不十分であることを考えれば、彼らの完璧な手工技術はおどろくべきものである。（中略）ひとたび文明世界の過去および現代の知識を習得したならば、日本人は将来の機械技術上の成功を目指す競争において、強力な相手になるだろう」

このペリーの予言どおり、日本は明治時代に工業国として飛躍することとなるのです。

影響 知らぬ間に進められた小笠原の領有化

ペリーの報告書をもとにした『日本遠征記』は、早くも1856(安政３)年にアメリカ国内で刊行され、1860(安政７)年には日米修好通商条約の批准のためにポーハタン号で渡米した日本の使節団(外国奉行・新見正興ら)が、現地で同書を入手しています。そこには日本の知らないある事実が記されていました。ペリーは最初の来日時に二度、小笠原諸島を訪れており、父島(ピール島)に植民地政府を打ち立てていたのです。

この事態を受けて、幕府は当時の外国奉行・水野忠徳を現地に向かわせ、小笠原諸島は日本の領土であると宣言し、改めて開拓に着手しました。最終的に日本への帰属が確定するのは1876(明治９)年のことです。

幕末の使節団がアメリカで『日本遠征記』を入手していなければ、小笠原諸島のその後は違ったものになっていたかもしれません。

伊藤先生のひと言メモ

日本限定で有名なアメリカ人として、プロレスラーのスタン・ハンセンと並び立つのがマシュー・ペリー。「蒸気船海軍の父」と称えられている割に階級は大佐ですが、当時の海軍にはそれ以上の位が存在しませんでした。身長は190㎝を超え、強圧的な使節としての迫力は「不沈艦」ことハンセンより上だったかもしれませんね。

大君の都

たいくんのみやこ

条約の批准をめぐる幕府と
イギリス公使の交渉の記録

作 ラザフォード・オールコック	年 1863(文久３)年
数 ２巻	分 手記

概要 幕府との交渉の顛末をつづる

初代駐日**イギリス**総領事で、のちに特命全権公使となるラザフォード・**オールコック**は、1859(安政６)年から1862(文久２)年まで日本に滞在していました。著書である『**大君の都**』は、幕府とのさまざまな交渉の顛末をつづった手記で、帰国後の1863(文久３)年にイギリスで出版されました。

オールコックが視察で訪れた横浜や蝦夷地の箱館(現在の北海道函館市)などの風景や、そこに住む人々の様子なども記されており、同書は外国人による幕末日本の旅行記という趣きもあります。

背景 中国での実績を買われて来日

1639(寛永16)年から210年以上続いた日本の鎖国は、1853(嘉永６)年にアメリカのペリー艦隊が来航したことで終焉を迎えました。

幕府はアメリカとの間に日米和親条約(1854年)と日米修好

通商条約(1858年)を結び、イギリス・ロシア・オランダ・フランスとも同様の条約を結びます。なかでも通商条約は「安政の五カ国条約」とも呼ばれ、箱館・長崎・神奈川(のちの横浜)・兵庫(のちの神戸)・新潟の開港と、江戸・大坂の開市が盛り込まれました。

オールコックは、ヴィクトリア女王から1858年12月に駐日総領事を拝命し、翌年6月に来日します。以前は中国(清(しん))の上海(シャンハイ)や広東(カントン)で領事を務めており、その実務経験と東アジアに対する見識を買われての抜擢(ばってき)でした。

注目 外国人として初めて富士山に登る

総領事としての初仕事は日英修好通商条約の批准であり、東禅寺(とうぜんじ)(東京都港区高輪(たかなわ))に仮の領事館を構えたオールコックは7月に批准書の交換に臨みます。

しかし、幕府が作成した書類に不備があり、手続きはスムーズにいきません。日本は国際社会の一員となって間もないため、ミスには致し方ない面もあります。オールコックもそうした事情を理解していましたが、幕府の対応はあまりに要領を得ないものであり、「ここでの外交代表の生活のすべては、条約を実質的に無効にしようとする絶え間ない努力に対する、途切れることのない闘いである」と、『大君の都』に記しています。

また、当時の江戸では攘夷派志士による外国人へのテロが横行しており、1861(文久元)年７月にはイギリス公使館が置かれていた東禅寺も水戸脱藩浪士の襲撃を受けました。幕府の治安対策は十分と呼ぶにはほど遠く、オールコックは不信感を募らせていくのです。

その一方で、日本の自然風景や市井の人々に向けられるオールコックの視線は好意的です。とくに外国人居留地として開発が進む横浜を視察した際には、市街地から離れた田園地帯にも足を運んでおり、その情景を「幸福な土地よ、美しき国よ！」と絶賛しています。

時には遠出をすることもあり、1860(万延元)年９月には外国人として初めて富士山に登りました。山頂ではイギリス国旗を掲げ、仲間とともにシャンパンで祝杯を挙げています。

その帰路に宿泊した熱海では、ともに来日した愛犬のスコティッシュ・テリアのトビーが大湯間欠泉の蒸気に触れて死ぬという悲劇に見舞われましたが、『大君の都』では地元の村人たちが手厚く葬ってくれたことへの感激と感謝の言葉がつづられています。トビーの墓は現在も熱海の人々に守られており、オールコックとの絆が感じられます。

日本に関する多くの知識を蓄え、それをイギリス本国に伝えることは本書の執筆目的の一つでもあります。赤穂浪士の吉良邸討ち入りなどを例に、日本人の死生観や思想などにも言及している同書は、比較文化論の書物として読むこともできるでしょう。

影響 イギリスで日本ブームを巻き起こす

その後も交渉においては強硬な姿勢をくずさなかったオールコックですが、幕府が兵庫・新潟の開港と江戸・大坂の開市の延期を求めた際には譲歩しており、その旨を欧州各国に伝える使節団の派遣を提案しています。

外国奉行の竹内保徳を正使とする遣欧使節団は1862年1月に品川を出航し、オールコックも休暇を母国で過ごすために日本を離れました。

帰国後のオールコックは『大君の都』を出版しただけでなく、同年のロンドン万国博覧会では日本の陶器や刀剣などを出品し、日本文化の紹介に努めました。

欧州では19世紀半ばより、ジャポニズム（フランス語ではジャポニスム）と呼ばれる日本ブームが起こっています。発端となったのは輸出された浮世絵などですが、イギリスではオールコックが持ち帰った陶器が注目を集めました。同国のジャポニズムはオールコックによってもたらされたといえるでしょう。

伊藤先生のひと言メモ

カタカナで初めて彼の名前を見た時、「すべての料理人」って何？　と思いましたが、日本人にとってはイギリスとの正式なファーストタッチとなる超重要人物。富士登山は100名ほどの大集団だったらしいのですが、熱湯に当たって亡くなった愛犬トビー君が、山頂に立っていたかどうかは定かではありません。合掌。

大日本史

だいにほんし

幕府崩壊の遠因となった
尊王思想がつめ込まれた書

作 徳川光圀	年 1906(明治39)年
数 397巻	分 歴史書

概要 神武から後小松までの天皇の事績

時代劇『水戸黄門』のモデルとして知られる人物が、江戸時代前期～中期の第2代水戸藩主・**徳川光圀**（みつくに）です。ドラマでは、お供を連れて全国をめぐり、庶民を虐（しいた）げる悪代官を懲（こ）らしめる姿でおなじみです。

ただし、これはあくまでも創作であり、史実の光圀は全国をめぐるどころか、関東から外に出たことすらありません。光圀は18歳のころから、のちに『**大日本史**』と名づけられる歴史書の編纂（へんさん）に取り組んでおり、資料収集のために学者たちを全国各地に派遣しました。後世の講談の作者は、その様子を光圀自身の旅になぞらえたのでしょう。

『大日本史』は、正史『日本書紀』のように出来事を時系列で記した編年体ではなく、人物ごとに業績をまとめた**紀伝体**の歴史書で、すべて漢文で書かれています。

初代の神武（じんむ）天皇から、南北朝時代の後小松天皇までの治世を取り上げており、歴代天皇の業績をまとめた「本紀（ほんぎ）」が73巻、

皇后や家臣など関連人物の伝記である「列伝」が170巻、当時の法律や制度などについて説明した「志」が126巻、年表にあたる「表」が28巻、これらに目録5巻を加えた巻数で構成されています。

背景 光圀に志を与えた中国の『史記』

ドラマ『水戸黄門』では好々爺（こうこうや）のイメージですが、若いころの光圀は粗暴な性格だったそうで、辻斬（つじぎ）りなども行っていたという記録が残っています。

素行をあらためる契機となったのは、18歳の時に読んだ古代中国の歴史書『史記』で、大きな感銘を受けた光圀は、自ら歴史書づくりを志すようになったと伝わります。

1657（明暦３）年、光圀はのちに**彰考館**（しょうこうかん）と呼ばれる史局を駒込（こまごめ）（東京都豊島（としま）区駒込）の藩邸に設置し、史局員を全国に派遣して資料となる文物を集めさせました。この史局員は主に朱子学などを修めた儒学者で構成されています。中国で生まれた朱子学には、徳の高い王は力で国を支配する覇者に勝るという「尊王斥覇（そんのうせきは）」の考え方があり、日本で最も徳が高いのは天皇であることから、『大日本史』は尊王の色彩を帯びています。

注目 南朝正統論を唱えた光圀

『大日本史』の特徴としては、**三大特筆**と呼ばれる次の３点が挙げられます。

一つ目は、**神功（じんぐう）皇后を后妃に列している**こと。朝鮮半島の三韓征伐の伝説でも有名な神功皇后は、第14代・仲哀（ちゅうあい）天皇の后です。夫の崩御（ほうぎょ）から子の応神天皇が皇位を継ぐまでの69年間、天皇の代わりに内政や外交、軍事を執り仕切っていたと伝わります。『日本書紀』では天皇と同等の扱いをされているのですが、光圀は、神功皇后はあくまで后であると見なしました。

二つ目は、**大友皇子の即位を認めている**こと。大友皇子は飛鳥時代の皇族で、叔父の大海人（おおあまの）皇子（のちの天武（てんむ）天皇）と皇位を争った壬申の乱で敗死しています。1870（明治３）年には明治天皇から「弘文（こうぶん）天皇」の諡号（しごう）が贈られました。実際に即位していたのかについては現在も議論が分かれていますが、「即位していた」というのが『大日本史』の立場です。

そして三つ目は、**南朝を正統としている**こと。南北朝時代は文字どおり皇統が南朝と北朝の二つに分かれており、1392年、室町幕府３代将軍・足利義満によって、南朝が北朝に吸収される形で合一がなされました。この時、皇位継承の証しである三種の神器が南朝・大覚寺統（だいかくじとう）の後亀山天皇のもとにあったことから、光圀は南朝こそ正統と考えていました。

光圀は、南朝を興した後醍醐（ごだいご）天皇の忠臣である楠木正成（くすのきまさしげ）を称える墓碑も建立しており、『大日本史』の編纂過程で形成された「水戸学」は、天皇を尊ぶ人々の思想的な拠(よ)りどころとなっていくのです。

影響 尊王攘夷の総本山となった水戸藩

『大日本史』の編纂に生涯を捧げた光圀は、その完成を見ることなく1701(元禄13)年に没し、その後の編纂作業は歴代の藩主や徳川家の縁者に引き継がれました。完成したのは、なんと日露戦争後の1906(明治39)年です。

光圀は南朝正統論者でしたが、北朝・持明院統(じみょういんとう)や武家政権たる幕府を否定していたわけではなく、いわば尊王敬幕という立場にありました。しかしながら、後期の水戸学派からは、開国に向かう幕府を敵視する「尊王攘夷」の思想をもつ者が現れます。これは「天皇を尊び、夷狄(いてき)(外国)を攘(はら)う」という意味で、幕末期の水戸藩主・徳川斉昭(なりあき)(第15代将軍・徳川慶喜(よしのぶ)の実父)も尊王攘夷論者でした。

1860(安政7)年には、開国派だった大老・井伊直弼(いいなおすけ)が桜田門外の変で水戸浪士たちに殺害され、以後の日本では尊王攘夷の嵐が吹き荒れます。

徳川家康の孫である光圀の思想が、江戸幕府の崩壊の遠因となったのは、何とも皮肉な話です。

伊藤先生のひと言メモ

徳川光圀は、明(みん)から長崎に亡命していた朱舜水(しゅしゅんすい)という学者を招き、彰考館で『大日本史』編纂の教えを請(こ)いました。その際、中華風の麺(めん)料理を伝授されたので「初めてラーメンを食べた日本人」とされています。まさか子孫が幕府という船に懸命に穴を開けて一緒に沈没していくとは思わず、おいしくツルツル頂いていたことでしょう。

徳川十五代史

とくがわじゅうごだいし

明治時代に刊行された 将軍の事績で見る江戸時代史

作 内藤耻叟	年 1893(明治26)年
数 12巻	分 歴史書

概要 元水戸藩士による江戸時代通史

元水戸藩士の内藤耻叟(ないとうちそう)が、明治時代になってから記した江戸時代の通史が『徳川十五代史』です。

耻叟は幕末に藩校の弘道館に入学し、会沢正志斎(あいざわせいしさい)や藤田東湖(ふじたとうこ)らに師事して後期水戸学を学びました。その後、藩主の徳川斉昭(なりあき)の七男、のちに15代将軍となる幼少期の慶喜の学問の相手も務めています。維新後は、帝国大学(現在の東京大学)文科教授を務め、退任後に本書が刊行されました。

背景 15人の将軍の事績を記載

『徳川十五代史』は題名のとおり、初代・徳川家康から15代慶喜までの15人の将軍の事績を編年体で記したものです。

影響 『徳川実紀』の簡易版として

江戸幕府の公式史書である『徳川実紀』を基礎資料としているため、『徳川十五代史』の記述自体の信ぴょう性は高いもの

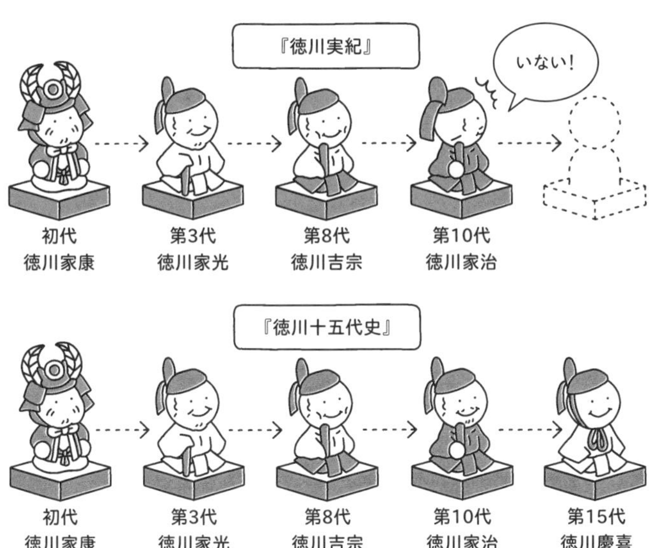

です。しかし、それゆえ『徳川実紀』を超える内容がないと見られており、学問的にはあまり研究対象とはされてきませんでした。

ただし、全500巻以上となる『徳川実記』に比べれば全12巻と通読しやすく、現代の私たちでも気合さえ入れればチャレンジすることができます。

伊藤先生のひと言メモ

『徳川実紀』のダイジェスト版ともいえる『徳川十五代史』は、書かれた時代も新しく、「歴史書」の中では親しみやすいものといえます。学術的にそこまで価値はなくても、結局のところ「読まれない限り本ではない」と考えるなら、これはこれでアリ。本書もそんなつもりでなるべく敷居を低くしようと意識して、まとめています。

日本奥地紀行

にほんおくちきこう

イギリス人女性による
明治初期の日本を描いた紀行文

作 イザベラ・バード	年 1880(明治13)年
数 2巻	分 旅行記

概要 "日本の未踏の地"を歩く

19世紀の**イギリス人女性、イザベラ・バード**は47歳になる1878(明治11)年５月から12月にかけて、日本の各地を旅しました。『**日本奥地紀行**』はその記録をもとにした旅行記です。

原題の『Unbeaten Tracks in Japan』を直訳すると「日本の未踏(みとう)の地」となります。「未踏」という言葉からもわかるように、バードは地元の人以外は訪れないような辺境の地を見聞しました。とくに北海道のアイヌに関する記述が多いのが特徴です。

背景 イギリスで高まる日本への関心

バードは1831(天保２)年、イギリスのヨークシャーに住む牧師の長女として生まれました。幼少時は病弱であり、転地療養でアメリカやカナダで過ごすこともあったそうです。

その時の経験を手記として出版したのを契機に、バードは当時としてはめずらしい女性の旅行作家となり、1878年５月

に来日しました。

日本を旅行先に選んだ背景としては、すでに日本で暮らしていた西洋各国の役人や技術者たちの報告によって、イギリスで日本に対する関心が高まっていたことが挙げられます。

また、バードは旅行先を決めるにあたり、生物進化論を提唱し、『種の起源』を著したことで知られる自然科学者のチャールズ・ダーウィンにも相談しています。ダーウィンの著書にはアイヌに言及しているものもあり、旅行計画に北海道を入れたのはダーウィンの勧めであった可能性があります。

注目 アイヌの暮らしを事細かに調査

『日本奥地紀行』の本編は横浜港に着いたところから始まり、駐日イギリス公使のパークスを通じて通行許可証を取得したバードは、通訳兼従者として20歳の伊藤鶴吉(いとうつるきち)(イト)を雇(やと)い、見聞の旅をスタートさせました。

当面の目的地は、アイヌの拠点集落がある北海道南部の平取でしたが、バードは比較的交通網が整備されていた太平洋側ではなく、日本海側を北上するルートをとりました。「未踏の地を踏みたい」という強い願望があったからです。

行く先々で目にした光景はバードに新鮮な衝撃を与えました。とくに強調されているのは町の景観や自然風景の美しさであり、日光東照宮に対しては「社殿の美しさは、西洋美術のあらゆる規則を度外視したもので、人を美の虜にする」と記し、温泉地として知られる山形県南部の米沢盆地（=置賜地方）を訪れた際には「エデンの園」「東洋のアルカディア」と絶賛しています。

悪い意味での衝撃もありました。日光から新潟に向かう道中で立ち寄った集落は寂れた寒村であり、「非常に貧しく、家はみすぼらしかった。子どもたちは非常に汚いうえにひどい皮膚病で苦しみ、女たちは炭焼きの厳しい仕事と煙のせいで顔色も表情もとてもひどく、身体つきも貧相だった」と、悲痛な思いを込めてつづっています。

旅の目的地である平取に着いたのは８月23日のこと。バードは首長ペンリウクの家に３日間滞在し、アイヌの容貌、装飾品、衣類、家屋はいうにおよばず、自然信仰、結婚と離婚、礼儀作法に至るまで、事細かく記録しています。

とくにアイヌの顔つきについては日本人との比較もなされており、「日本人の黄色い皮膚、固い髪、弱々しい瞼、細長い眼、平べったい鼻、凹んだ胸、ちっぽけな体格、歩きぶりなどを見慣れたあとで、アイヌ人を見ると、獰猛そうに見え、体格はいかに残忍なことでもやりかねない力強さに満ちているが、話をすると、その顔つきは明るい微笑に輝き、女のように優しい微笑みとなる」と記しています。

明治初期の段階でのアイヌの調査記録は他に例がなく、のちのアイヌ研究においてバードがのこした功績は非常に大きいといえるでしょう。

影響 省略された関西旅行の記録

一連の調査を終えたバードは函館から海路、東京にもどりましたが、これで日本旅行の全行程が終了したわけではありません。10月からは西日本に向かい、伊勢神宮や京都などを訪れています。しかし、この関西旅行の様子は日本ではほとんど知られていません。これには次のような事情があります。

バードは帰国後の1880年に『Unbeaten Tracks in Japan』を刊行し、好評を博したことから５年後には東京—北海道間の記録のみをまとめた簡略版も刊行されました。一方、日本では1973(昭和48)年に高梨健吉(たかなしけんきち)氏による日本語版が刊行されましたが、これは1885(明治18)年の簡略版を翻訳したものだったのです。

省略された関西旅行の日本語版が刊行されたのは、イギリスでの初版刊行から120年以上経過した2002(平成14)年です。2012(平成24)年には金坂清則(かなさかきよのり)氏の訳註による完訳版も刊行されており、現在はバードの日本旅行の全容を知ることが可能になっています。

伊藤先生のひと言メモ

漫画『ふしぎの国のバード』(ＫＡＤＯＫＡＷＡ)で彼女を知った人も多いと思います。紀行作家・探検家・写真家・ナチュラリストでもある「レディ・バード」の自由で勇気あふれる生き方は、世界中の女性に影響を与え続けています。日本のあとは朝鮮も旅し、『朝鮮紀行』を著しています。

「令制国」一覧表

大宝律令の制定によって、各地は「国（旧国）」という単位で区分されるようになる。これを「令制国（律令国）」といい、廃藩置県まで使われていた。

旧国名	都道府県
❶ 蝦夷地	北海道※
❷ 陸奥	青森県
	岩手県
	宮城県
	福島県
❸ 出羽	秋田県
	山形県
❹ 越後	新潟県
❺ 佐渡	
❻ 上野	群馬県
❼ 下野	栃木県
❽ 常陸	茨城県
❾ 下総	
❿ 上総	千葉県
⓫ 安房	
⓬ 武蔵	埼玉県
	東京都
⓭ 相模	神奈川県
⓮ 甲斐	山梨県

旧国名	都道府県
⓯ 信濃	長野県
⓰ 伊豆	静岡県
⓱ 駿河	
⓲ 遠江	
⓳ 三河	愛知県
⓴ 尾張	
㉑ 美濃	岐阜県
㉒ 飛驒	
㉓ 越中	富山県
㉔ 能登	石川県
㉕ 加賀	
㉖ 越前	福井県
㉗ 若狭	
㉘ 近江	滋賀県

旧国名	都道府県
㉙ 伊勢	三重県
㉚ 伊賀	
㉛ 志摩	
㉜ 紀伊	和歌山県
㉝ 大和	奈良県
㉞ 山城	京都府
㉟ 丹後	
㊱ 丹波	
㊲ 但馬	兵庫県
㊳ 淡路	
㊴ 播磨	
㊵ 摂津	大阪府
㊶ 和泉	
㊷ 河内	

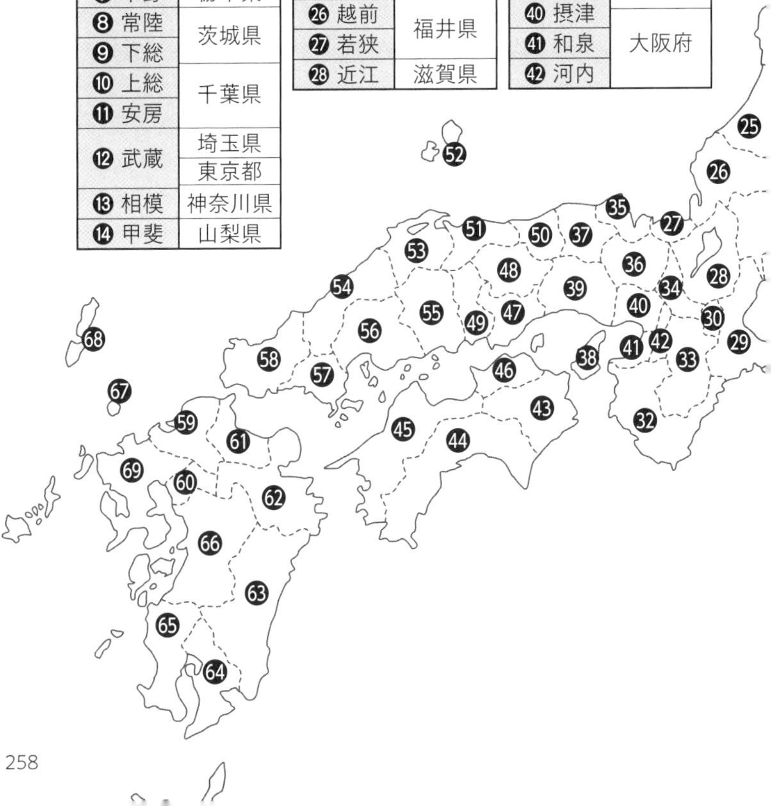

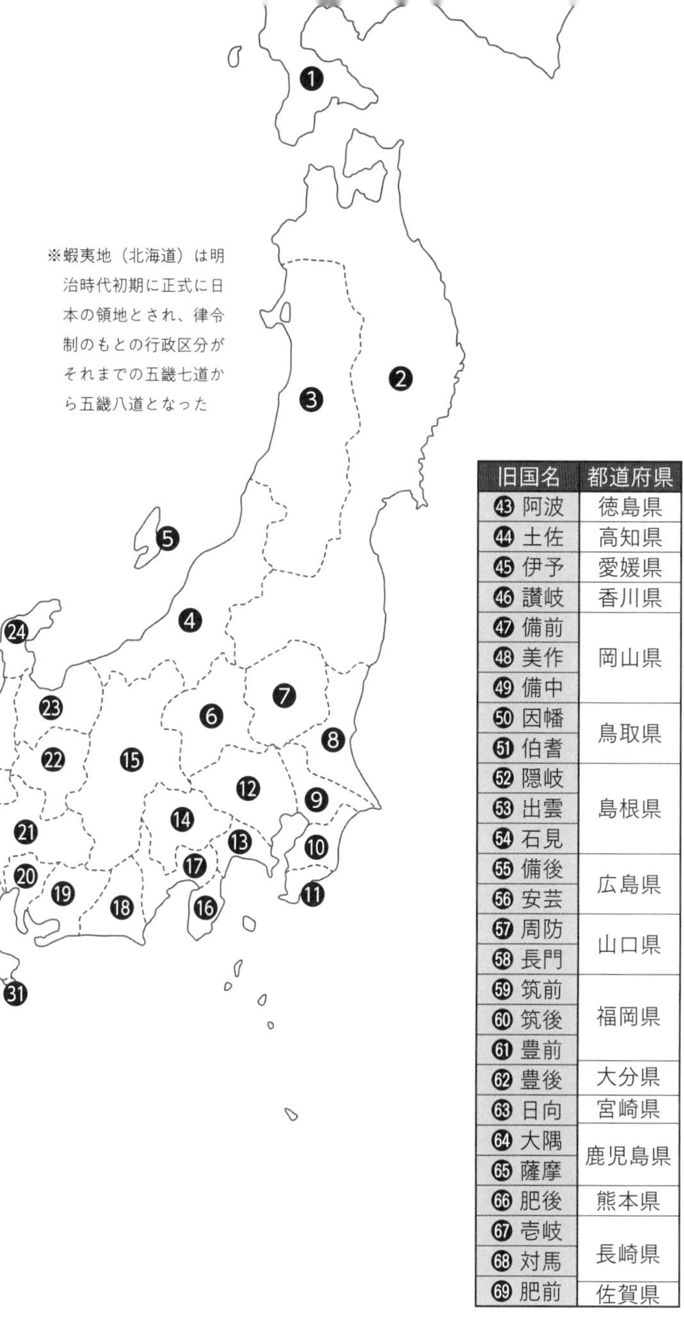

※蝦夷地（北海道）は明治時代初期に正式に日本の領地とされ、律令制のもとの行政区分がそれまでの五畿七道から五畿八道となった

旧国名	都道府県
㊸ 阿波	徳島県
㊹ 土佐	高知県
㊺ 伊予	愛媛県
㊻ 讃岐	香川県
㊼ 備前	岡山県
㊽ 美作	
㊾ 備中	
㊿ 因幡	鳥取県
51 伯耆	
52 隠岐	島根県
53 出雲	
54 石見	
55 備後	広島県
56 安芸	
57 周防	山口県
58 長門	
59 筑前	福岡県
60 筑後	
61 豊前	
62 豊後	大分県
63 日向	宮崎県
64 大隅	鹿児島県
65 薩摩	
66 肥後	熊本県
67 壱岐	長崎県
68 対馬	
69 肥前	佐賀県

主な参考文献

五味文彦・吉田伸之・鳥海靖・笹山晴生 著『詳説日本史史料集』(山川出版社)
山本博文 著『日本史の一級史料』(光文社)
久保田淳 著『日本文学の古典50選』(KADOKAWA)
下山忍・會田康範 編『もういちど読む山川 日本史史料』(山川出版社)
松本直樹 著『神話で読みとく古代日本――古事記・日本書紀・風土記』(筑摩書房)
栄原永遠男 著『正倉院文書入門』(KADOKAWA)
桑原博史 監修『万葉集・古今集・新古今集(新明解古典シリーズ1)』(三省堂)
坂口由美子 編『伊勢物語 ビギナーズ・クラシックス 日本の古典』(KADOKAWA)
清少納言 著、角川書店 編『枕草子 ビギナーズ・クラシックス 日本の古典』(KADOKAWA)
三田村雅子 著『源氏物語――物語空間を読む』(筑摩書房)
田中史生 著『渡来人と帰化人』(KADOKAWA)
吉海直人 著『源氏物語入門』(KADOKAWA)
源信 著、川崎庸之・秋山虔・土田直鎮 訳『往生要集 全現代語訳』(講談社)
武田友宏 編『大鏡 ビギナーズ・クラシックス 日本の古典』(KADOKAWA)
角川書店 編『今昔物語集 ビギナーズ・クラシックス 日本の古典』(KADOKAWA)
角川書店 編『平家物語 ビギナーズ・クラシックス 日本の古典』(KADOKAWA)
大隅和雄 著『愚管抄を読む――中世日本の歴史観――』(平凡社)
鴨長明 著、浅見和彦 校訂/訳『方丈記』(筑摩書房)
五味文彦・本郷和人 編『現代語訳 吾妻鏡1』(吉川弘文館)
永井晋 著『鎌倉幕府の転換点「吾妻鏡」を読みなおす』(吉川弘文館)
マルコ・ポーロ 著、長澤和俊 訳/解説『東方見聞録』(KADOKAWA)
吉田兼好 著、角川書店 編『徒然草 ビギナーズ・クラシックス 日本の古典』(KADOKAWA)
今谷明 著『現代語訳 神皇正統記』(KADOKAWA)
松尾剛次 著『太平記――鎮魂と救済の史書――』(中央公論新社)
山崎正和 著『太平記――南北朝動乱の人間模様を読む――』(世界文化社)
黒川真道 編『梅松論 明徳記 応永記 永享記』(集文館)
志村有弘 訳『現代語訳 応仁記』(筑摩書房)
与謝野鉄幹・正宗敦夫・与謝野晶子 著『覆刻日本古典全集6 オンデマンド版 節用集－易林本－』(現代思潮新社)
川崎桃太 著『フロイスの見た戦国日本』(中央公論新社)
和田裕弘 著『信長公記――戦国覇者の一級史料』(中央公論新社)
小和田哲男 著『甲陽軍鑑入門』(KADOKAWA)
大久保彦左衛門 著、小林賢章 訳『現代語訳 三河物語』(筑摩書房)
家永三郎・古島敏雄 著『日本思想大系62 近世科学思想 上』(岩波書店)

揖斐高 著『江戸幕府と儒学者――林羅山・鵞峰・鳳岡三代の闘い――』（中央公論新社）
松永義弘 解説／訳『葉隠 改訂新版』（ニュートンプレス）
小池喜明 著『葉隠――武士と「奉公」――』（講談社）
田原嗣郎・守本順一郎 著『日本思想大系32 山鹿素行』（岩波書店）
横井清 訳『新井白石「読史余論」現代語訳』（講談社）
鳴海風 著『江戸の天才数学者』（新潮社）
神野志隆光 著『本居宣長「古事記伝」を読むⅠ～Ⅳ』（講談社）
石田梅岩 著、城島明彦 訳『石田梅岩「都鄙問答」』（致知出版社）
石川謙 著『石田梅岩と「都鄙問答」』（岩波書店）
石渡博明 著『安藤昌益の世界――独創的思想はいかに生れたか――』（草思社）
安藤昌益 著、安永寿延 校注『稿本 自然真営道―大序・法世物語・良演哲論―』（平凡社）
頼山陽 著、頼成一・頼惟勤 訳『日本外史 上・中・下』岩波書店
頼山陽 著、長尾剛 訳『日本外史――幕末のベストセラーを「超」現代語訳で読む――』（PHP研究所）
鈴木牧之 著、岡田武松 監修『北越雪譜』（岩波書店）
徳盛誠 著『海保青陵――江戸の自由を生きた儒者』（朝日新聞出版）
菅田正昭 著『複眼の神道家たち』（八幡書店）
家永三郎 著『日本思想大系44 本多利明 海保青陵』（岩波書店）
菅江真澄 著、内田武志・宮本常一 編訳『菅江真澄遊覧記１～５』（平凡社）
シーボルト 著、大場秀章 監修／解説『シーボルト日本植物誌』（筑摩書房）
緒方富雄など 著『シーボルト「日本」の研究と解説』（講談社）
西田太一郎 編『日本の思想17 藤原惺窩・中江藤樹・熊沢蕃山・山崎闇斎・山鹿素行・山県大弐集』（筑摩書房）
大石学・佐藤宏之・小宮山敏和・野口朋隆 編『現代語訳徳川実紀 家康公伝１～５』（吉川弘文館）
オフィス宮崎 編訳『ペリー艦隊 日本遠征記 上・下』（万来舎）
小島敦夫 著『ペリー提督 海洋人の肖像』（講談社）
オールコック 著、山口光朔 訳『大君の都――幕末日本滞在記――上・中・下』（岩波書店）
佐野真由子 著『オールコックの江戸――初代英国公使が見た幕末日本――』（中央公論新社）
イザベラ・バード 著、金坂清則 訳注『完訳 日本奥地紀行１～４』（平凡社）

この他に、「国立国会図書館デジタルコレクション」や「文化遺産データベース」、各自治体のホームページなどを参考にしています。

索引

さ

し

す

せ

そ

み

む

め

も

や

ゆ

よ

ら

り

る

れ

ろ

わ

を

【監修者紹介】

伊藤　賀一（いとう がいち）

◉——1972年9月23日京都生まれ。
リクルート運営のオンライン予備校『スタディサプリ』で日本史・歴史総合・倫理・政治経済・現代社会・公共・中学地理・中学歴史・中学公民の９科目を担当する「日本一生徒数の多い社会講師」。
新選組で有名な壬生に育つ。朱雀第一小学校→中京中学校→私立洛南高校→法政大学文学部史学科卒→43歳で一般受験で早稲田大学に入学。2022年３月に早稲田大学教育学部生涯教育学専修を卒業。

◉——東進ハイスクール最年少講師として30歳まで出講後、教壇を一旦離れる。全国を住み込みで働きながら見聞を広め、四国遍路を含む４年のブランクを経て秀英予備校で復帰。経験職種は20以上という、多彩な経験をベースに圧倒的話術で展開される講義は、爆笑で「教室が揺れる」と形容される。

◉——著書・監修書は、『改訂版 世界一おもしろい　日本史の授業』『笑う日本史』（以上、KADOKAWA）、『１日１ページで身につく！歴史と地理の新しい教養365』『47都道府県の歴史と地理がわかる事典』（以上、幻冬舎新書）、『歴史と地理がいっきにわかる東京23区大全』『ニュースの“なぜ？”は日本史に学べ』（SB新書）、『「日本が世界一」のランキング事典』（宝島社新書）、『「90秒スタディ」ですぐわかる！日本史速習講義』（PHP研究所）『くわしい 中学公民』（文英堂）など50冊以上。

◉——活動は受験指導に留まらず、辰巳法律研究所、池袋コミュニティ・カレッジ、京急COTONOWA、コミュニティクラブたまがわ、東急ホームクレールなど社会人向けスクールにも出講。ラジオやポッドキャストのメインパーソナリティ、プロレスのリングアナ、映画やTV出演なども務める複業家としても有名。

深読み（ふかよ）したい人（ひと）のための　超訳（ちょうやく）　歴史書図鑑（れきししょずかん）　〈検印廃止〉

2023年1月5日　第１刷発行

監修者——伊藤　賀一
発行者——齊藤　龍男
発行所——株式会社かんき出版
東京都千代田区麹町4-1-4 西脇ビル　〒102-0083
電話　営業部：03(3262)8011㈹　編集部：03(3262)8012㈹
FAX　03(3234)4421　振替　00100-2-62304
https://kanki-pub.co.jp/

印刷所——大日本印刷株式会社

 ISBN978-4-7612-7648-5 C0021